🌳 나는 팀 스태포드와 30년 넘게 교제하면서 이 주제로 여러 번 대화를 나누었다. 나는 그가 본인의 탐색을 이야기하는 이 얇고 재미난 책을 기쁜 마음으로 추천한다. 이 책은 당신과 하나님의 만남을 변화시켜 줄 또 다른 비법을 전수해 주진 않는다. 오히려 모든 사람이 직면하는 가장 중요한 질문인 "우리는 진정 하나님을 알 수 있는가?"에 정직하게 대면할 수 있는 기회를 제공해 줄 것이다. – 필립 얀시

🌳 어떤 일에 관해서 쉽게 설명할 수 있는 사람이야말로 그것을 깊이 있게 이해하고 있는 사람이라 생각한다. 이 책에서 팀 스태포드는 '하나님과의 인격적인 관계'라는, 손에 잡힐 듯하나 결코 단순하지 않은 주제를 쉽고 맑게 우리에게 전해 준다.
– 한웅재, "꿈이 있는 자유" · 목사

🌳 내가 섬기는 공동체 내에 아직 예수를 모르는 학생들이 구성원의 반을 이루는 상황에서, 어떻게 하면 선교단체 간사로서 이들에게 하나님과의 인격적 만남을 더욱 쉽게 설명해 줄지를 고민하다 만난 이 책은 가뭄에 단비와 같다. 우리가 늘 대하는 관계들을 통해 하나님과의 인격적인 관계를 이해하기 쉽게 설명해 놓은 이 책은 우리 공동체뿐만 아니라, 하나님과의 인격적인 만남을 누군가에게 설명하고 가르쳐야 할 모든 사람에게 필요한 책이다. – 이희열, IVF(한국기독학생회) 간사

🌳 모태 신앙으로 꽤 오랜 기간 동안 하나님을 믿어 왔지만, 하나님과의 인격적인 만남이라는 말은 늘 잘 와 닿지 않았다. 하지만 이 책을 통해서 하나님과의 인격적인 만남이 단순히 성경 공부 시간에 배웠던 딱딱한 관계를 뛰어넘어 마치 오래 사귄 단짝 친구와 같은 관계라는 것을, 또한 그분이 지금 이 시간 나와도 그런 관계를 맺기 원하신다는 것을 깨달았다. – 이보람, 가톨릭대 경영학과 4학년

🌳 나는 예수님을 믿게 된 지 3년 정도 되었다. 나 역시 마찬가지였지만, 많은 초신자들이 예수님을 믿기로 결심하면서도 하나님을 인격적으로 만난다는 것에 대해 혼란을 느낀다. 또한 기존의 그리스도인들에게도 하나님을 만나며 산다는 것은 어렵게 느껴진다. 이 책은 우리에게 하나님을 만난다는 것은 무엇인지, 또 인격적인 관계란 무엇인지 깊은 이해와 감격을 안겨 준다. – 박종원, 홍익대 기계공학과 4학년

친구처럼 알아가는 하나님

팀 스태포트 | 이지혜 옮김

IVP(InterVarsity Press)는
캠퍼스와 세상 속의 하나님 나라 운동을 지향하는
IVF(InterVarsity Christian Fellowship)의 출판부로
생각하는 그리스도인을 위한 문서 운동을 실천합니다.

Copyright ⓒ 2007 by Tim Stafford
Originally published in English under the title *Personal God*
By Zondervan, Grand Rapids, MI, USA.

This Korean edition is translated and used by
permission of Tim Stafford, Santa Rosa, CA, USA
through rMaeng2, Seoul, Republic of Korea.

This Korean Edition Copyright ⓒ 2009 by Korea InterVarsity Press,
Seoul, Republic of Korea

친구처럼 알아가는 하나님

팀 스태포드 지음 | 이지혜 옮김

IVP

체이스와 해리어트를 위해

차례

추천의 글 - 필립 얀시 _10

제1부 인격적인 만남이란?

1장 하나님과의 인격적인 관계 _17

제2부 대화하기

2장 통성명하기 _35

3장 하나님께 말 걸기 _53

4장 하나님 말씀 듣기 _69

제3부 깊이 사귀기

5장 가족 만나기 _95

6장 고통을 함께하기 _117

7장 함께 일하기 _129

8장 서로 칭찬하기 _145

제4부 그날을 기다리며

9장 얼굴과 얼굴을 마주할 때까지 _165

감사의 글 _183

추천의 글

_필립 얀시

우리 부부는 몇 달 전부터 새로운 실험을 한 가지 시작했다. 전화번호부의 '교회' 항목에서 우리 동네에 해당하는 목록을 찾아 한 교회씩 방문하기로 한 것이다. 우리 마을에는 다 합해서 수십 군데 교회가 있는데, 이렇게 자그마한 마을에도 주요 교파는 물론이요, 대부분의 작은 교파와 교파에 소속되지 않은 교회들이 모두 들어와 있다. 대부분의 교회에 전자 기타와 드럼을 갖춘 예배 팀이 있고, 오르간과 성가대가 있는 교회도 있다. 교인들이 정장 차림인 교회도 있고, 청바지에 카우보이 부츠를 신고 예배당에 오는 신도들도 있다. 주일 아침에는 오전 7시, 9시 30분, 10시 30분, 11시에 예배가 있다. 토요일 밤에 모이는 교회도 몇 군데 있고, 심지어 목요일 저녁에 예배를 드리

는 교회도 있다.

여러 교회를 방문하면서 나는 그 교회가 얼마나 '복음주의적'인지를 금세 알아내는 법을 배웠다. 신학적인 기반이 기준은 아니었다. 소위 자유주의적인 교파에 속하는 교회 중에서 신학적으로는 꽤 보수적인 교회도 있고, 보수적인 교파에 속한 교회 중에서도 신학이라고는 찾아볼 수 없는 맥 빠진 교회도 있다. 오히려 내가 보기에는, 이 책에서 팀 스태포드가 언급한 주제를 중심으로, 즉 하나님을 얼마나 인격적으로 아는지에 따라 그 차이점이 두드러지는 듯하다.

다른 나라의 교회에 가 보면, 하나님을 인격적으로 안다는 개념이 별종 취급을 받는 곳도 있다. 이집트의 콥트 교회와 러시아의 동방 정교회에서는, 사제가 회중은 아무도 알아들을 수 없는 고대 언어로 설교를 한다. 베를린 대성당의 종교개혁일 기념 예배에서조차 예전은 미리 정해져 있어서 아주 형식적이고 비인격적이다. 그러나 복음주의 교회에서는 하나님과 직접적이고 인격적인 관계를 맺을 수 있는 놀라운 가능성을 제공해 준다. 기도, 특히 찬양에서 그런 가능성을 감지할 수 있는데, 복음주의 교회에서 부르는 찬양들은 그 대상이 사랑하는 연인이 아니라 하나님일 뿐, 희한하게도 라디오 가요 프로그램에서 들을 법한 사랑 노래와 아주 흡사하다.

　세계 여러 나라의 급격한 기독교 성장은 물론, 미국의 대형 교회가 복음주의권 교회에서 일어나고 있다는 사실은 하나님과의 인격적 관계에 대한 갈급함을 증명해 준다. 이것은 복음주의자들이 줄 수 있는 희망의 메시지인 동시에, 그만큼 오해와 실망을 불러올 가능성도 크다.

　"주님이 제게 말씀하셨어요", "주님이 나를 인도하셨습니다" 같은 말들은 복음주의 교회에서만 들을 수 있는 말들이다. 예배하는 사람들은 가족이나 친구 관계에서 하듯이, 아주 자연스럽고 편하게 하나님과의 관계를 이야기한다. 영지주의자들이나 무신론자들은 말할 것도 없고, 좀더 형식적인 분위기의 교회에서 성장한 방문객들의 눈에는 그들이 외국어를 떠들어 대는 것만 같다. 또 내 책을 읽고 편지를 보내오는 독자들이 자주 언급하듯이, 그런 말은 하나님과의 인격적인 관계를 열렬히 추구하는 사람들을 대경실색하게 만들 수도 있다.

　복음주의 출판사에서 내놓는 책들은 대개 깊이 생각해 보지 않고 거침없이 그런 표현을 사용한다. 하지만 우리는 우주의 온갖 행성과 은하수를 만드신 하나님, 보이지 않는 영이신 그분과 도대체 어떻게 인격적 관계를 맺을 수 있을까?

나는 팀 스태포드와 30년 넘게 교제하면서 이 주제로 여러 번 대화를 나누었다. 실제로, 내가 쓴 「아, 내 안에 하나님이 없다」*Reaching for the Invisible God*, 좋은씨앗 역간 나 「기도」*Prayer: Does It Make Any Difference?*, 청림출판 역간 같은 책들은 그런 대화가 발단이 되었다고 볼 수 있다. 팀은 회의주의자도, 인습 타파주의자도 아니요, 하나님의 신실한 제자다. 그저 모든 사람이 궁금해하면서도 차마 입 밖으로 내지 못하는 질문을 던지는 정직과 용기를 지녔을 뿐이다. 나는 그가 본인의 탐색을 이야기하는 이 얇고 재미난 책을 기쁜 마음으로 추천한다. 팀은 신랄한 이야기와 날카로운 비유로 본인의 생각을 잘 그려 내는 훌륭한 작가이자 신뢰할 만한 안내자다.

이 책은 당신과 하나님의 만남을 변화시켜 줄 또 다른 비법을 전수해 주진 않는다. 오히려 모든 사람이 직면하는 가장 중요한 질문인 "우리는 진정 하나님을 알 수 있는가?"에 정직하게 대면할 수 있는 기회를 제공해 줄 것이다.

제1부

인격적인 만남이란?

기도 시간에는 하나님이 정말로 내 이야기를 듣고 계신다고 스스로를 납득시키려 애썼다.

한번은 기분이 울적해서 길을 걸으면서, 목소리를 들려주시든 표적을 보여 주시든

나와 함께 계신다는 사실을 어떻게든 입증해 달라고 애걸한 적도 있다.

친구들에게는 그렇게 할 필요가 없었다. 확실히 내 곁에 있기 때문이다.

그런데 왜 하나님은 내 곁에 계시지 않는가?

1장

하나님과의 인격적인 관계

아주 오래 전 일이지만, 나는 그때의 대화 내용을 똑똑히 기억한다. 그때 나는 두 명의 친구와 함께 아주 활발한 토론을 벌이고 있었다. 대니얼은 평생 교회를 다닌 신실한 신자였고, 그즈음에 회심한 톰은 본인의 신앙을 전하고 싶어 안달이 난 열성 신자였다. 토론이 전개되면서 대니얼은 다소 흥분하기 시작했다. 그가 참여했던 모든 종교 활동이 온전히 기독교적인 활동은 아니었음을 깨닫기 시작한 것이다.

톰은 기독교가 기도나 교회 출석처럼 단순히 선한 종교 활동에 그치지 않는다는 점을 설명하려고 애쓰는 중이었다. 그러다

결국에는 불쑥 이런 말을 내뱉고 말았다. "지금 난 종교 이야기를 하는 게 아니야. 하나님과의 인격적인 관계를 말하는 거라고."

내가 성장한 복음주의권에서 흔히 듣던 말이었기에, 나는 그 말이 아주 익숙했다. 그런데 그날 난생 처음으로 그 말을 다른 의미로 들었던 것 같다. 살짝 교만으로 치우친 자신감이라고나 할까. "난 하나님을 진짜로 알아. 너는 그분을 어떤 이론으로 생각할지도 모르지만, 난 아니라고."

솔직히, 입이 떡 벌어지게 만드는 주장이다. 당신이 어떤 유명인과 '개인적인 관계'라면, 공식적인 경로를 통하지 않고도 그 사람과 접촉할 수 있다. 예를 들면, 집으로 직접 전화를 걸어서 말이다. 남들은 그 사람의 명성을 듣고 알겠지만, 당신은 그를 진짜로 안다. 그저 이름만 아는 사이가 아니라 친구라는 말이다. 이게 바로 톰이 말한 뜻이었을까? 그는 정말로 온 우주의 창조주를 개인적으로 아는 걸까?

"슬리퍼"Sleeper라는 고전 영화에서 우디 앨런Woody Allen이 맡은 립 반 윙클이라는 인물은 과학 실험으로 오랫동안 냉동 상태에 있다가 먼 미래에 깨어난다. 사람들은 그에게 과거 사진을 한가득 가져다주면서 아는 사진이 있는지 묻는다. 그 짤막짤막한 대답이 관객들에게 웃음보따리를 안겨 준다. 빌리 그레

이엄의 사진을 본 주인공은 잠시 생각한 다음, 이렇게 말한다. "빌리 그레이엄은…하나님과 개인적으로 잘 안다고 주장했지요." 관람석에서 폭소가 쏟아진다. 어떤 사람들에게는 그것이 터무니없는 말로 들리기 때문이다.

내 친구의 말은 무슨 뜻이었나?

나는 그 표현을 늘 좋아했지만, 두 친구의 대화를 들은 이후로는 진지하게 그 말을 생각해 보게 되었다. 도대체 그게 무슨 뜻인가? 분명 무슨 뜻이 있기는 할 텐데 말이다. 나는 인격적인 관계가 아닌 것을 생각해 봄으로써 인격적인 관계의 의미를 일부 파악할 수 있으리라 생각했다. 아마도 톰은, 하나님과의 관계가 은행이나 대출업자, 공화당에 이야기하는 것처럼 공식적인 관계는 아니라는 말을 하고 싶었던 것 같다. 혹은, 본인이 하나님을 어떤 교리나 영향력, 거대한 사상으로 대하지 않는다는 말을 하고 싶었을지도 모르겠다.

톰은 기독교 신앙의 핵심이 예수 그리스도라는 말을 하고 싶었던 듯하다. 예수님은 이 땅에서 걷고 숨 쉬고 먹고 이야기하신 사람, 곧 인격체시다. 우리가 하나님과 관계를 맺는다면, 그것은 인격과 인격의 만남이어야 할 것이다.

하지만 톰은 어떻게 인격체이신 예수님과 관계를 맺었는가? 톰의 일거수일투족을 현미경으로 들여다보면 그 방법을 알 수 있을까? 톰의 일상 생활에서 그것을 증명해 주는 한 가지를 콕 집어 낼 수 있을까? "저기 있다! 바로 저거야! 하나님과 인격적인 관계를 맺는 사람이라면 저게 꼭 있어야 한다니까."

인격적인 하나님을 간절히 바라다

내게는 이 문제가 단순히 학문적인 호기심에 불과하지 않았다. 내 속에서도 하나님과의 인격적인 관계에 대한 욕망이 점점 더 커지고 있었기 때문이다. 하나님을 알고, 그분의 임재를 경험하고 싶었다. 하나님이라는 느낌을 '억지로 짜 내는' 것이 아니라, 그분을 직접 만나고 싶었다.

기도 시간에는 하나님이 정말로 내 이야기를 듣고 계신다고 스스로를 납득시키려 애썼다. 한번은 기분이 울적해서 길을 걸으면서, 목소리를 들려주시든 표적을 보여 주시든 나와 함께 계신다는 사실을 어떻게든 입증해 달라고 애걸한 적도 있다. 친구들에게는 그렇게 할 필요가 없었다. 확실히 내 곁에 있기 때문이다. 그런데 왜 하나님은 내 곁에 계시지 않는가?

그 무렵 나는 코네티컷의 한 식당에서 접시 닦는 일을 하고 있었다. 직장 동료들은 대부분 이탈리아계 미국인이었는데, 그들은 본인들이 믿는 명목상의 기독교 때문인지 하나님이나 윤리를 진지하게 받아들이려는 유혹이 전혀 없는 것처럼 보였다. 그래서 그중 한 종업원—눈에 아이섀도우를 덕지덕지 바른 삐쩍 마른 이혼녀였다—이 이런 말을 했을 때 얼마나 놀랐는지 모른다. 안쪽 방에 있는 라디오에서 조지 해리슨George Harrison이 부른 "마이 스위트 로드"My Sweet Lord가 흘러나왔다. 그 종업원은 "아름다운 주님, 진정 당신을 알고 싶어요…하지만 너무 오래 걸리네요, 주님"이라는 가사가 반복되는 것을 듣고 있다가, 갑자기 본인이 그 전날 겪은 종교 체험을 들려주었다. 전날에도 같은 곡을 듣다가 갑자기 주체할 수 없는 눈물을 터뜨렸다는 것이다. 그녀는 당황하는 것 같았다. "내가 왜 그랬을까요?" 하고 물었다.

그녀가 예수님의 사랑을 간절히 바라고 있다는 증거라고 말해 줄 수 있었다면 좋았겠으나, 차마 그렇게 말해 주지는 못했다. 나도 그녀만큼이나 당황스러웠다. 그 종업원이 '괜찮은 사람'이었다면 그녀의 이야기를 듣고 그렇게 소스라치게 놀라지는 않았을 것이다. 그녀로 말할 것 같으면, 내 기준으로는 비행 고등학생과 같은 부류에 해당했다. 자동차 정비소를 털고는 군대에 자원입대해 버리는 남자애들이나, 여학생으로 치면 화장을 떡칠하고 미니스커트를 입고 다니는 애들 말이다. 그런 사람들이 하나님을 간절히 찾는다는 게 가당키나 한 일인가? 노래는 무척이나 감동적이었다. 하지만 그 노래가 식당에 있는 다른 누군가에게 감동을 주리라고는 전혀 기대하지 않았다. 게다가 이런 감동이 기독교 신앙과 도대체 무슨 관계인지도 알 수 없었다. 작사가가 크리슈나힌두교 신화에 등장하는 신-역주에게 표현하는 갈망이 과연 적절한지, 악마의 현혹은 아닌지도 아리송했다.

나중에야 그 사건을 곱씹어 보면서, 겉으로 보기에는 종교와 거리가 먼 사람들도 나처럼 하나님을 갈망하는 것은 아닐까 하고 생각하게 되었다. 아마 모든 사람이 그럴지도 모른다.

하나님은 사람들의 마음속에 계속해서 불쑥 나타나시곤 한다. 내가 이 글을 쓰는 동안 언론의 집중 조명을 받고 있는 리처드 도킨스Richard Dawkins나 샘 해리스Sam Harris의 반기독교적인 비판조차 하나님에 대한 지대한 관심을 나타낸다. 도대체 무슨 일로 이 야단이란 말인가? 종교가 세상 모든 문제의 배후라는 논쟁은 내가 보기엔 어불성설이다. 히틀러와 스탈린과 마오

제 1 장 하나님과의 인격적인 관계

쩌둥의 배후가 종교란 말인가? 양대 세계 전쟁과 한국 전쟁, 베트남 전쟁, 이라크 전쟁의 배후에 하나님을 믿는 신앙이 자리하고 있는가? 사람들이 하나님을 믿기 때문에 에이즈와 말라리아, 아동 노예와 가난이 사라지지 않는단 말인가?

하나님을 생각하면 혼란스러워지는 사람들이 많은 것 같다. 사람들은 하나님이 주실 수 있는 의미와 평안을 갈구한다. 반면 그런 열망이 헛되다고 생각하는 사람들은 분노에 사로잡힌다. 그런가 하면, 그런 열망을 느끼고 그것을 채울 방도를 강구하는 사람들도 있다.

큰 질문들

다른 많은 사람들처럼, 나도 인격적인 하나님을 간절히 바란다.

나는 복음주의 교계에서 성장했는데, 하나님과 인격적인 관계를 맺으려고 애쓰면서 복음주의권 교회를 계속 다녔다. 그러나 복음주의가 많은 문제를 안고 있긴 하다. 그중에서도 특히 하나님을 너무 경박하게 말하는 경향이 있다. 하지만 그럼에도 불구하고 복음주의 기독교가 나를 사로잡은 특징이 하나 있다.

바로 하나님의 인격적인 임재를 공개적으로, 수시로 이야기한다는 점이다. 나는 늘 그것을 원했다. 하나님을 인격적인 차원에서 깊이 있게 만나지 못하는 종교는 사절이었다.

그렇지만 여전히 다음과 같은 의문은 남았다.

1. 하나님과의 관계에서 무엇이 인격적인 요소가 될 수 있겠는가? 가능한 현실적인 관점에서, 내가 무엇을 기대할 수 있을까?
2. 어떻게 그런 인격적인 관계를 경험할 수 있을까? 하나님에 관한 신학 지식을 쌓는 데 그치지 않고 인격적인 하나님을 진정으로 알려면 어떻게 해야 할까?

위대한 로마 사상가 아우구스티누스는 이렇게 질문했다. "내 안에 하나님이 오실 만한 자리가 과연 있을까? 어떻게 천지를 지으신 하나님이 내 안에 들어오실 수 있을까? 오, 주 나의 하나님, 제 안에 당신을 품을 만한 것이 과연 있습니까?"

내가 찾은 대답들을 독자들과 나누고 싶다. 나는 하나님의 실재가 나를 둘러싼 세상은 물론 내 안에까지 꽉 들어차 있다고 믿게 되었다. 인간 친구를 사귀는 것과 같은 방법으로 그분

제 1 장 하나님과의 인격적인 관계

을 알 수 있다고 생각한다.

성경이 반복해서 전달하는 메시지가 있다면, 그것은 바로 **하나님이 우리에게 자신을 알리고 싶어 하신다**는 것이다.

현실 속의 하나님?

성경은 그리스도인들이 언젠가는 하나님을 얼굴과 얼굴을 맞대고 보며, 그 광경이 우리를 변화시킬 것이라고 말한다. 이런 역사적인 인식은 매우 중요하다. 긴 안목으로 종교적인 체험을 바라볼 수 있게 해주기 때문이다. 예수님을 개인적으로 잘 알았다고 주장한 사도 바울은 "우리가 **지금은** 거울로 보는 것같이 희미하나, **그때에는** 얼굴과 얼굴을 대하여 볼 것이요"고전 13:12, 저자 강조라고 기록했다.

지금 이 땅에서는, 우리가 원하는 친밀함을 완전히 얻지는 못할 것이다. 그분을 얼굴과 얼굴을 대하듯 볼 수 없기 때문이다. 이 점을 이해하는 것이 중요하다.

하지만 그렇다고 해서 예수님의 재림만 기다리는 것이 기독교는 아니다. 기독교는 매일의 현실을 살아가는 것이다. 그런 일상 속에서, 어떻게 하면 예수님을 인격적으로 알 수 있을까?

맨 처음 이 질문을 제기했을 때는 어떻게 대답해야 할지 몰랐다. 기도나 성경 공부, 교회 활동 등 내가 그리스도인으로 살아가는 일상에서 '인격적인' 구석은 별로 찾아볼 수가 없었기 때문이다. 복음주의자 친구들도 별 도움이 되지 못했다. 그 친구들이 인격적인 관계를 이야기하지 않은 것은 아니었다. 그들은 "하나님이 나를 인도하셨어"라는 말을 입에 달고 살았다. 하나님의 목소리를 들었다는 친구들도 있었다. 하지만 그런 주장을 구체적으로 설명해 주는 친구는 아무도 없었다. 누군가 "하나님이 멈추라고 하셨는데, 거기 내 친구가 있는 거야"라고 말하면, 하나님이 정말로 그런 말씀을 주셨는지, 주셨다면 어떻게 주셨는지 묻는 사람은 한 사람도 없었다. '다같이 '험한 세상 나그네길'을 부르신 다음, 가사에서 떠오르는 질문들을 놓고 이야기해 봅시다"라고 말씀하시는 목사님도 본 적이 없다. 분명 질문이 있는 사람들이 있을 텐데, 사람들은 절대로 입을 열지 않았다.

그래서 나는 한 단계 뒤로 물러서기로 했다. 하나님과의 인격적인 관계가 무엇인지 질문하는 대신, 꼭 하나님과의 관계가 아니더라도 도대체 인격적인 관계란 것이 무엇인지 질문하기로 했다. 이렇게 약간만 질문을 바꾸자, 아주 기초적인 답이 나

왔다. 인격적인 관계는 독특하다는 것이다. 인격적인 관계는 우리가 정의할 수 없는 표정이나 말로 설명할 수 없는 지식 등 일련의 신비로운 법칙들로 운용된다. 엔지니어는 이 세상 어떤 기계의 설계도라도 만들어 낼 수 있으며, 훌륭한 공장에서는 그 기계를 여러 대 찍어 낼 수 있다. 하지만 설계도를 만든다고 우정을 복제할 수 있는 것은 아니다. 인생, 특히 관계에서 가장 중요한 부분은 묘사하거나 정의내리기가 어렵다. 사람을 아는 것은 물건이나 어떤 영향력, 사상처럼 비인격적인 대상을 아는 것과는 차원이 다르다.

우리가 "하나님과 인격적인 관계를 맺는다"고 할 때는, 하나님이 인격이시라는 사실을 전제하는 것이다. 나도 한 인격체이므로, 사람들이 다른 사람을 알 때 사용하는 독특한 방식으로 하나님을 알아가야 할 것이다.

'그게 무슨 대단한 발견이야'라고 생각할 독자들이 있을지도 모르겠다. 하지만 이 발견이 꼬리에 꼬리를 문 생각으로 이어져, 하나님과의 친밀함을 추구하는 여정에 획기적인 변화가 찾아왔다.

가끔씩 사람들에게 이런 질문을 던져 본다. 한 여성이 열 살 연상의 남자와 데이트를 하고 있다고 하자. 두 사람은 서로 끌

리지만, 여자는 자신이 상대방을 정말로 잘 아는지 혼란스러워한다. 나이가 많은 상대 남성은 이 여자의 또래 친구들과 많이 다른 것 같다. 그렇다면 이 여자는 대체 어떻게 상대방을 알아갈 수 있을까?

질문을 받은 사람들은 다양한 답을 내놓는다. 대화, 함께하는 활동, 상대방의 친구들과 가족 만나기, 인생 이야기 나누기, 같은 책 읽기, 같은 영화나 텔레비전 프로그램 보고 토론하기, 함께 일해 보기 등. 사람마다 중요하다고 생각하는 방법이 다를지는 몰라도, 이 중 한 가지면 충분하다고 생각하는 사람은 아무도 없다. 다양한 각도에서 상대방을 경험하는 과정을 통해 사람을 알아간다는 사실에는 모두 동의할 것이다.

그런데 이와는 반대로, 많은 교회 프로그램들은 특정 성경 공부, 특정 기도법, 특정 사회 활동, 특정 예배 양식 등 하나님께로 가는 한 가지 방법만 고집한다. 마치 "이것만 하면 하나님을 알 수 있습니다"라고 말하는 듯하다. 그들은 무심결에 하나님에 대한 기계적인 이미지를 만들어 낸다. 작동하는 기계의 **부품 하나만** 방언, 하나님의 능력에 굴복하기, 매일 성경 읽기, 가난한 자들을 섬기기 얻을 수 있다면, 영성 생활이 잔디 깎는 기계처럼 잘 돌아갈 것처럼 말이다.

그러나 인격적인 관계는 이런 식으로 작동하지 않는다. 전혀 기계적이지 않다. 다양한 경험, 그것도 대부분은 일상적인 경험이 하나둘 모자이크처럼 모여 관계를 이룬다. 작은 조각들이 모여 깜짝 놀랄 만한 경험을 만들어 낸다.

누군가와 친해지고 싶은 사람이 획기적이고 실험적인 접근법을 취하는 경우는 드물다. 오히려 가까이에 이미 있는 기회들을 이용하려 할 것이다. "정기적으로 만나 점심 식사를 같이하면 어때요?" "좀더 진지한 이야기를 해 볼 필요가 있다고 생각합니다." 이런 식으로 이야기를 꺼내면서, 정말로 의미 있고 개인적인 조각들을 조금씩 더해 간다. 그러면서 예의주시하면, 큰 그림이 보이기 시작한다.

하나님을 아는 것도 비슷하다

이 책에서 나는 하나님을 인격적으로 아는 것이 우리가 다른 사람과 우리 자신을 아는 방법과 비슷하다는 점을 이야기하고자 한다. 그러나 모자이크 조각을 한데 모으려면 약간의 인내심이 필요할 것이다.

이 과정에서, 절대로 범해서는 안 될 실수가 하나 있다. 하나님을 아는 것을 너무 어렵고 복잡한 과정으로 생각해서는 안 된다. 절대로 그렇지 않다. 성경은 하나님이 가까이 계신다고 거듭해서 말한다. 하나님이 원하시기에 가까이 계신 것이다.

하나님이 숨어 계시기 원하셨다면, 우리는 평생 숨바꼭질을 하며 살아야 할 것이다. 하지만 하나님은 각 사람에게 자신을 드러내기로 작정하셨다. 그분은 우리에게 말씀하셨다. 기도하면서, 그리고 교회에서, 성경에서, 성만찬에서, 희생과 섬김의 본을 따르면서 그분을 찾으라고. 이것들이 바로 전통적인 방법, 즉 '은혜의 방편'이라고 불리는 것들이다. 이것은 프로그램이 아니다. 하나님은 우리에게 값없이 은혜로 관계를 허락하신다. 그분은 우리를 알기 원하시고, 또 우리가 그분을 알기 원하신다.

이 책은 새로운 영적 기술을 제시하는 책이 아니다. 단지 독자들이 고개를 들고 눈을 열어 깨우치기만을 바랄 뿐이다. 하나님은 날마다 우리에게 나타나셔서, 본인을 알려 주려 하신다. 그분이 매일 손수 빛으시는 아침 햇살에도, 친구의 다정한 미소 속에도, 하나님의 실재는 넘쳐흐른다. 그분이 우리와 친히 함께하신다는 증거는 매일의 사소한 일상 가운데, 심지어 대부분의 교회에서 거행되는 지루한 예배 가운데도 풍성하게 나타난다. 하나님이 '능력'이나 '거룩'이 아니라 몸소 임재하신다는 사실을 깨달을 수만 있다면, 당신은 더 또렷한 눈과 큰 기대감으로 관계를 추구할 것이다. 당신의 열망은 얼마든지 채울 수 있다. 우주의 창조자가 당신을 그분과의 인격적인 관계로 초대하고 계신다.

제2부

대화하기

하나님이 제안하시는 인격적인 관계를 받아들일 때, 당신의 인생에 하나님을 초대하는 기도를 올릴 때,
교회의 세례식에 참여할 때, 그 사건이 현실처럼 느껴지지 않을 수도 있다.
처음부터 뛸 듯이 기쁘고 강한 확신을 느끼는 사람들도 있지만, 그렇지 않은 사람들도 많다.
보이지 않는 친구가 있다며 어린아이들이 허공에 대고 이야기를 하듯이,
하나님과 관계를 맺는답시고 혼자서 쇼를 하는 것처럼 느껴질 수도 있다.

통성명하기

　사람들이 개인적인 관계를 맺는 방법은 비슷하다. 서로 이름을 교환하는 것이다.

　곰곰이 생각해 보면 참 희한한 일이다. 상대방에게 미소를 지어 보이면서, 나는 아무 의미가 없는 짧은 소리를 내뱉는다. 상대방은 그 소리를 귀기울여 듣고는 잊어버리지 않도록 확실히 해 두기 위해 반복한다. 상대는 그 소리가 마음에 든다는 말을 덧붙일지도 모른다. 그 다음에는 상대방도 마찬가지로 의미 없는 소리를 내뱉는다. 나는 그 소리를 반드시 기억해야 한다.

　우리는 왜 이러한 의식을 주고받는가? 차에 붙은 번호표처럼, 이름은 신원 확인에 유용하다. 하지만 이름은 단순한 신원 확인 기능 이상의 역할을 한다. 그게 아니라면, 사람들은 이름 대신 주민등록번호를 교환할 수도 있을 것이다. 우리는 컴퓨터가 우리를 숫자 취급하는 것을 달가워하지 않는데, 만약 다른 사람이 나를 그런 식으로 숫자 취급한다면 불같이 화를 낼 것이다. 숫자는 비인격적이지만, 이름은 인격적이기 때문이다.

아무리 복작대고 시끄러운 곳에서도, 사람들은 본인의 이름이 불리면 금세 알아차린다. 이름은 소리를 조합하여 개인의 전유물로 만든 것이기 때문이다. 이름은 한 개인에게 접속할 수 있는 비밀번호를 제공해 주는 셈이다.

때로 이름에는 특별한 정보가 담길 수 있다. 어떤 문화권에서는, 이름에 출생 순서나 달의 변화, 그 사람이 태어난 요일 등을 드러낸다.

내 이름은 티모시 체이스 스태포드Timothy Chase Stafford다. 스태포드는 우리 아버지의 성姓이다. 이 성의 기원을 따져 보자면 영국 스태포드셔Staffordshire 지방까지 거슬러 올라가는데, 이 성은 손에 막대기를 들고 건널 만한 강의 얕은 지점을 가리키는 말이다. 체이스는 우리 할머니의 처녀 적 성이다. 어디서 나온 말인지 짐작할 수 있을 것이다. 티모시는 우리 부모님이 아시던 여러 티모시를 염두에 둔 이름인데, 그중에서도 가장 중요한 인물은 신약 성경의 티모시_{디모데}다. 이름 하나만 살펴보아도, 내가 고립된 개인이 아니라 영국에서 팔레스타인까지 여러 시공간에 걸쳐 펼쳐진 거대한 가계도에 속해 있다는 사실을 알 수 있다. 말하자면, 이름에는 일종의 영속성이 있다는 것. 사람들은 자녀, 손자, 친구 자녀_{친구의 이름을 따서 자녀 이름을 짓는다면, 그거야말로 그 친구에 대한 가장 큰 칭찬일 것이다}의 이름 속에 살아 숨 쉬는 것이다.

그렇지만 이름 자체만 놓고 볼 때는 아무 의미도 없는 경우가 많다. '밥'이나 '제인' 같이 짤막하고 생뚱맞은 단어는 어떻게 해서 이름이 되었을까? 초등학교 시절 선생님 중에 터키에서 잠깐 교편을 잡았던 분이 그곳 학생들의 이름을 이야기해 주신 적이 있다. 아이들은 배꼽을 쥐고 웃었다. 터키 아이들의 이름은 하나같이 엉뚱하고 웃겼던 것이다. 하지만 우리 이름을 들은 터키 학생들도 똑같은 반응을 보였을 것이다.

이름은 참 신기하다. 그런데 관계를 맺으려면 반드시 이름을 교환해야 한다.

이름을 교환하는 것 자체에는 기능적인 가치가 전혀 없는 것 같다. 이름을 알려 주지 않고도 은행이나 사무실에서 얼마든지 일을 볼 수 있다. 나는 20년이 넘도록 같은 슈퍼마켓을 이용하고 있어서, 열 명 남짓한 직원들과 안면이 있다. 직원들은 하나같이 친절하고 서비스도 좋지만, 내가 그들과 인격적인 관계를 맺고 있다고는 말할 수 없을 것이다. 친절 교육을 받은 직원들은 영수증을 확인하고는 나를 "스태포드 씨"라고 부르고, 나도 필요한 경우 직원들의 이름표를 확인하고 그 사람들 이름을 부를 수 있을지는 모르겠다. 하지만 그것은 인위적인 관계일 뿐이다. 나는 사야 할 물건이 있고, 직원들은 월급을 받아야 한다. 그곳에서 그런 거래가 이루어지고 있다는 사실은 양쪽 모두 잘 알고 있다. 그러므로 이것은 훌륭한 협약일지는 몰라도, 인격적인 관계는 아니다.

어떤 식당에 가면 직원이 이렇게 손님을 맞이한다.

"안녕하세요! 제 이름은 앤지입니다. 오늘 제가 손님을 모실 거예요."

하지만 이렇게 말하는 직원은 없다.

"안녕하세요! 제 이름은 앤지입니다. 손님 성함은 어떻게 되시죠?"

직원은 편안한 분위기에서 손님을 모시려고 자기 이름을 소개하지만, 그게 가명이라는 건 만인이 아는 사실이다. 이것은 인격적인 관계가 아니다. 굳이 말하자면, 사업상의 관계라고나 할까. 만약 앤지라는 종업원이 손님에게도 이름을 묻는다면, 그것은 그 이상의 관계를 암시하는 것으로 비칠 확률이 높다.

사람들은 인격적인 관계를 원할 때 통성명을 한다. 상대방의 이름을 모른 채 일정 기간 인격적인 관계를 유지한다는 것은, 불쾌한 것은 둘째 치고, 불가능한 일이라고 할 수 있을 것이다. 그런 관계를 맺으려 한다면 사람들은 만나자마자 본인을 나타내는 음절을 내뱉고, 새 친구의 것도 알려 달라고 닦달한다. 그렇게 하면, 상대방에게 우정을 제안하는 셈이 된다. 이 단순한 행동으로 "앞으로 당신을 더 많이 알아 갔으면 좋겠습니다"라는 표시를 하는 것이다.

하나님의 자기소개

그러니 하나님이 본인 이름을 소개하신다는 사실이 얼마나 놀라운 것인지 모르겠다. 굳이 신이 그럴 필요가 뭐 있겠는가? 위대한 힌두 신 크리슈나나 비슈누, 가네슈가 인간 세상에 와서 머물면서 보통 사람들처럼 관계 맺는 것을 상상할 수 있겠는가? 아프로디테나 아폴로, 제우스 같은 그리스 신들은 또 어떤가? 그런 신들이 인간과 인격적 관계를 맺으려고 굳이 마음

쓸 필요가 무언가? 신은 인간을 초월하여 하늘에 있는 존재다. 그렇기 때문에 신인 것을.

하지만 성경의 하나님은 달랐다. 실제로, 불타는 가시덤불에서 모세를 부르신 하나님은 신비에 싸여 계신다. 그분은 모세에게, 그가 서 있는 땅이 거룩하니 발에서 신을 벗으라고 말씀하신다. 그런데 바로 그 다음에, 상상을 초월하는 일이 벌어진다. 하나님이 스스로를 소개하신 것이다. 그분은 모세에게 야웨라는 이름을 가르쳐 주신다.

야웨는 평범한 뜻을 지닌 평범한 단어가 아니다. '존재하다'라는 어근에서 나온 말이어서, 어떤 사람들은 그것을 '스스로 있는 자'라고 번역하기도 한다. 하지만 하나님은 그분의 본성을 설명하시는 것이 아니라, 자기를 소개하고 계신다. 팀이나 주디처럼, 야웨도 이름이다.

불타는 가시덤불에서 말씀하신 하나님은 모세가 그분의 관심을 알아 주기를 바라셨다. 하나님이 모세와 그의 친척들에게 개인적인 차원에서 관심을 갖고 계시며, 그들의 고통에 함께 가슴 아파 하고 계신다는 사실을 확신시켜 주고자 하셨다. 그들의 출애굽을 친히 인도하시고자 했다. 그래서 하나님은 모세에게 이름을 알려 주신 것이다.

하지만 안타까운 것은, 대부분의 성경이 이처럼 인격적인 하나님의 이름을 '주'Lord 혹은 '주 하나님'Lord God처럼 비인격적인 이름으로 둔갑시켰다는 사실이다. 하나님을 '주'라고 부르면 독특한 맛이 싹 사라지고 만다. 중동 지역 사람들은 무슨 신이 되었건 하나같이 '주'라고 부른다. 그러나 스스로를 야웨라고 소개하신 하나님은 독특하고 개인적인 이름을 주셔서, 그분의 친구들만 사용할 수 있게 하셨다.

공교롭게도, 이스라엘 사람들은 하나님의 이름을 너무나 신성시한 나머지, 절대로 그 이름을 입 밖에 내지 않았다. 감히 그 이름을 부르지 못하고 '모든 이름 위에 뛰어난 이름'과 같이 완곡어법을 사용했다. 이름을 부르는 행위는 감당할 수 없을 정도로 깊은 친밀감의 표시였기 때문에, 야웨는 금지어가 되어 버렸다. 인간은 가장 인격적인 하나님의 제안을 너무 거룩하고 고상하게만 받아들여서 오히려 비인격적인 제안으로 훼손시켜 버렸다.

하지만 이것은 하나님의 의도가 아니었다. 하나님은 이름을 알려 주시면서, 우리와 인격적인 관계를 맺고 싶다는 점을 분명히 하신다.

"나는 지금 내 소개를 하려 한다. 내 이름을 알려 줄 테니 나를 부르도록 해라."

하나님은 이름을 알려 주심으로써 그분이 이스라엘 백성 가까이 계시며, 그들을 친히 보호하시고, 매일 밤 양식을 내려 주시며, 날마다 구름기둥 불기둥으로 광야 여정을 인도해 주신다는 사실을 알리셨다. 그분은 단순히 온 우주의 위대한 하나님이 아니라, 그들을 돌아보시는 인격적인 하나님이셨다. 하나님은 팔레스타인까지 이르는 이 위험한 여행길에서 그들을 인도하실 것이었다.

하나님의 이름이 우리에게 뜻하는 바도 크게 다르지 않다. 앞에서 나는 북적대고 시끄러운 방에서도 자기 이름이 들리면 사람들은 금세 알아차린다고 말한 바 있다. 하나님도 마찬가지시다. 온 우주의 어마어마한 소음 가운데서도, 수십억 인구의 행동과 아우성 가운데서도, 우리가 하나님의 이름을 부르기만 하면 귀를 기울이신다. 그분께 부르짖으면 그분은 우리 목소리에 집중하신다. 우리를 늘 주의 깊게 지켜보실 것이다. 우리가 위험한 인생 여정을 지나는 동안 늘 우리 곁에 가까이 계실 것이다.

하나님의 여러 가지 이름

모세의 이야기가 끝이라면, 흔히 시편에서 하듯이 우리도 그분을 야웨로 부르기로 해야 할지도 모르겠다.^{시편 기자가 '주 여호와'라}

제 2 장 통성명하기

고 부르는 부분을 히브리어 원문으로 확인해 보면 대부분 '야웨'다. 하지만 그럴 필요가 없다. 하나님이 우리에게 더 좋은 이름, 더 친밀하고 인격적인 이름 '예수'를 주셨기 때문이다.

'예수'는 유대 사회에서 아주 흔한 이름이었다. 사실 이 이름은 '여호수아'를 살짝 바꾼 것이다. 여호수아로 말할 것 같으면, 이스라엘 백성을 약속의 땅 팔레스타인으로 인도한 구약 성경의 영웅이었다. 예수님 시대에 이 이름은 오늘날로 치면 '철수'나 '영희'에 해당했다. 유대인 꼬마 중에 '예수'라는 이름을 가진 아이는 널렸다. 그러니 예수라는 이름은 하나님이 우리와 인간 차원에서 관계 맺기 원하신다는 사실을 '야웨'라는 이름보다 훨씬 더 강력하게 전달해 준다.

내 아내의 이름은 '포피'인데, 썩 세련된 이름은 아니다. 하지만 아내가 사랑스럽기 때문에 그 이름도 내겐 소중하다. 아내의 이름은 아내의 일부가 되었다. 마찬가지로, '예수'라는 이름은 진짜 인간에게 주어졌기에 더 의미 있는 이름이다. 우리는 예수님을 안다. 그분의 생애도 알고, 그분의 명성도 익히 들었다. 우리가 하나님을 '예수님'이라고 부를 때 모든 복음의 내용이 우리 입에서부터 흘러나온다. 마치 그분이 이 땅에 오신 이후 그분이 하시는 모든 행동이 성령님을 통해 흘러나왔듯이.

그리스도인들은 기도 끝에 "예수님의 이름으로"라는 구절을 매번 갖다 붙인다. 이렇게 하면, 자기들의 기도에 특별한 능력이라도 나타나는 것처럼 말이다. 그런 사람들은 핵심을 놓친 것이다. "예수님의 이름으로"라는 말은 주문이 아니다. 우리가 예수님을 개인적으로 잘 아노라는, 그분과의 특별한 관계를 드러내는 말이다.

나는 작가이기 때문에, 출판사와 접촉하고 싶어 하는 친구들에게 도와 달라는 요청을 자주 받는다. 그러면 나는 누구누구에게 전화해서 "내 이름을 대"라고 알려 준다. 말인즉슨, '예수님의 이름으로' 기도할 때는, 그분과 내게 모종의 관계가 있음을 암시하는 것이다. 우리는 그저 허공에 대고 말하는 것이 아니다. 우리를 잘 아는 분, 즉 우리를 하나님께 소개해 주면서 "내 이름을 대"라고 말씀하시는 분의 추천을 받아 말하는 것이다. 이것이야말로 끈끈한 인격적 관계라고 할 수 있다.

세상에서 가장 인격적인 이름

그러나 예수님의 이름이 아무리 인격적이라 한들, 이 세 번째 이름에는 못 당한다. 예수님은 우리에게 하나님을 '아버지'

라고 부르라고 가르쳐 주셨다. '아버지'는 사실 이름이라기보다는 호칭이라고 해야 맞다. 하지만 오로지 한 집단만 '아버지'를 이름으로 사용하는데, 바로 아버지의 자녀들이다.

사람들은 내게 전화를 걸고, 이메일을 한다. 나를 '팀' 또는 '스태포드 씨'라고 부르면서 말이다. 나는 내게 연락하는 사람들에게 최대한 예의를 갖춰 응대하려고 노력한다. 하지만 내 관심을 송두리째 빼앗는 한 가지 호칭이 있으니, 바로 '아빠'다.

'우리 아버지'라는 말은 가족들이 담소를 나누는 아주 사적인 상황에서 나오는 말이다. 자녀들은 아버지를 이렇게 부르고, 아버지는 다른 누구에게도 보여 주지 않는 온전한 관심과 사랑을 자녀들에게만 표현한다.

성경에 나오는 탕자처럼 아버지를 떠나 방황하는 아이들도 있겠지만, 사람 됨됨이가 어찌 되었든 간에 아버지란 존재는 자기 자녀를 결코 잊지 못하는 법이다. 아버지라는 자리는 한 번 헌신하면 무를 수가 없다.

'우리 아버지'라고 할 때 우리는 예수님처럼 하나님을 부르는 것이다. 두 분은 너무나 친밀한 사이였기에, 예수님은 "나와 아버지가 하나다"라고 말씀하실 정도였다. 우리에게 '우리 아버지'라고 기도하라고 가르치셨을 때, 예수님은 본인이 그분과

맺었던 친밀하고 인격적인 가족의 특권을 염두에 두셨을 것이다. 이 호칭은 단순한 소개가 아니었다.

인간에게는 창조주 하나님을 알고자 하는 본능적인 열망이 있다. 버림받은 자식이 생부를 찾는 것처럼 우리도 아버지를 간절히 찾고 싶어 한다. 관계에 대한 목마름은 깊어만 간다.

예수님의 말씀이 옳고, 하나님이 기꺼이 우리 '아버지'가 되어 주신다면, 우리는 인생에서 가장 놀라운 사실과 맞닥뜨리게 된다. 우리가 하나님의 가족으로 그분과 관계를 맺을 수 있다는 사실이다. 세상에서 가장 인격적인 관계, 즉 부모 자식 간의 관계가 우리 앞에 열려 있다.

우리를 개인적으로 초대한다고 말한 분은 누구?

성경은 하나님이 우리를 초대하신다고 말한다. 우리는 하나님이 스스로를 야웨로, 예수로, 아버지로 소개하신 부분을 살펴보았다. 물론 하나님도 맘만 먹으면 공상과학영화에 나오는 외계인처럼 번쩍이는 불빛과 정신없이 흘러가는 구름, 어마어마한 소음 가운데 등장하실 수도 있었다. 실제로 구약 성경에서는 그렇게 나타나신 경우도 없지 않았다. 하지만 지금은 아주 오래된 책, 고전을 통해 우리를 초대하신다.

나는 하나님이 우리에게 관계를 제안하시는 최선의 방법은 성경이라고 믿고 싶다. 물론 신기한 체험이 더 기분 좋을 수 있다는 사실을 부인하지는 않겠다. 하지만 그런 기분이 우리의 필요를 채워 주지는 못한다. 하나님과의 관계는 여타의 관계와는 확실히 다르다. 하나님은 눈에 보이지 않는다. 그분은 인간의 이해를 초월하신다. 그분과의 인격적인 관계는 어렵고 의심에 시달릴 수밖에 없다.

대통령이나 영화배우, 세계적인 작가 같은 VIP를 만났다고 상상해 보라. 그 사람이 당신을 쳐다보더니 눈을 맞추면서 이렇게 말하고는 홀연히 사라져 버린다.

"당신이 어떤 사람인지 궁금하네요. 전화 주세요."

이게 꿈인가 생시인가! 결국 그 VIP와 다시 만날 기회가 하늘의 별따기라도—아마도 그럴 확률이 높다—그 사람의 강렬한 눈빛을 기억하면서 끈질기게 연락을 시도할 것이다. 하지만 마음 한편에서는 슬며시 의심이 고개를 든다. 혹시 잘못 들은 거 아니야? 주변 사람들은 다들 당신이 꿈을 꾼 거라고 생각한다. 그 사람이 장난을 친 건 아닐까? 아마 그 사람은 원래 그렇게 책임지지도 못할 말을 흘리고 다니는 사람일지도 모른다. 반면 그쪽에서 무슨 전갈이라도 보내 준다면, 두 사람이 관계를 맺기가 훨씬 수월할 것이다.

하나님과의 관계로 초대하는 일은 너무나 중요하기 때문에 일시적인 환상이나 금세 의심하게 되는 체험, 실제 사건인지의 여부를 확증해 줄 증거가 없는 대화 같은 것들로 남기기엔 부족했다. 하나님이 진정으로 모든 인류, 사실상 온 세상을 그분과의 인격적 관계로 초대하기로 작정하셨다면, 그 내용을 공식 문서 자료로 남기셔야 할 것이다. 질 좋은 종이에 금박 무늬를 넣은 편지지에 조목조목 초대의 글을 작성하셔야 한다. 실제로 그분은 그렇게 하셨다. 우리는 그 내용을 성경에서 읽을 수 있다. 누구라도 읽을 수 있다. 그 말씀은 변하지 않는다. 그분의 초대는 영원히 유효하다.

다른 식으로 표현하자면, 하나님의 초대는 순전히 개인적이고 신비로운 차원을 넘어서서 역사의 영역에 속한다. 하나님은 실제로 모세에게 말씀하시고, 이름을 알리셨다. 그 사건은 공적인 문서에 기록되어 있다. 하나님은 예수님을 통해 우리에게 다가오셨는데, 예수님은 하나님을 '아버지'로 부르라고 제자들에게 가르치셨다. 예수님의 생애와 가르침은 그분을 직접 목격한 사람들이 기록으로 남겼고, 오늘날까지 전해지고 있다. 하나님은 몸소 역사 속으로 들어오셔서 인간과 인격적인 관계를 맺으셨다. 그분의 초대는 사실이자 역사다. 당신도 그 사실을 조사해 볼 수 있다.

거절의 두려움

하나님이 이처럼 인격적으로 우리에게 다가오셨다면, 그에 합당한 반응은 한 가지뿐이다. 기뻐서 펄쩍 뛰며 관계를 시작하는 것!

하지만 두려워하는 사람들도 있다. 내 친구 마리는 인종이 다른 남자를 만나 결혼했다. 아버지의 반대가 심했지만, 차차 나아질 거라고 믿었다.

마리의 남편은 훌륭한 사람이었다. 친절하고 성실하며 이상주의자인 데다 상냥했다. 두 사람은 오랫동안 해외에 머물면서 어려운 처지에 있는 가난한 사람들을 섬겼다. 부부는 환상적인 팀워크를 발휘했고, 주변 사람들에게서 사랑을 많이 받았다. 아름다운 세 자녀도 선물로 받았다.

하지만 마리의 아버지는 꿈쩍도 하지 않았다. 사위는 고사하고, 딸과도 말을 섞지 않았다. 손자 손녀도 인정하려 하지 않았다.

마리는 어떻게든 화해를 해 보려 했지만, 아버지의 거부는 깊은 상처로 돌아올 뿐이었다. 그래도 마리는 아버지가 좋아하실 만한 방법으로 계속해서 화해를 시도했다. 아버지는 마리의 노력은 아랑곳하지 않고, 매번 퇴짜를 놓기 일쑤였다. 그러던 어느 날 마리는 지푸라기라도 잡는 심정으로, 어린 아들을 데리고 친정을 방문했다. 그러나 문을 연 아버지는 딸과 손자를 보더니 그대로 문을 쾅 닫고 들어가 버렸다.

하나님이 우리를 이런 식으로 대하실까 봐 두려워하는 사람들이 있는 듯하다. 그런 사람들은 불길한 예감으로 하나님께 다가간다. 거부와 죄책감과 비난을 예상한다. 조금이라도 희망을 품거나 자기 모습 그대로 나아가는 게 두려워, 면전에서 문이 쾅 닫힐 거라고 예상하는 것이다.

그런 심정을 이해 못하는 바는 아니지만, 성경은 그런 사람들이 잘못 알고 있다고 말한다. 우리가 하나님의 문 앞에 서서 두드리고 있는 것이 아니다. 우리 문 밖에서 문이 열리길 기다리며 서 계신 분은 바로 하나님이시다 계 3:20. 하나님은 먼저 자기를 소개하고 관계를 맺자고 청한 다음, 대답을 기다리신다.

"나는 나를 구하지 아니하던 자에게 물음을 받았으며…내가 여기 있노라 내가 여기 있노라 하였노라. 내가 종일 손을 펴서 자기 생각을 따라 옳지 않은 길을 걸어가는 패역한 백성들을 불렀나니"*사 65:1-2*.

하나님이 먼저 자기소개를 하신다는 사실이 영 어색하다면, 다음 이야기는 훨씬 더 낯설게 느껴질 것이다. 하나님은 당신 집 앞에 차를 대 놓고 당신이 문을 열어 주기를 기다리신다.

당신이 인격적인 관계를 원하기만 한다면, 거기에 필요한 일은 이미 하나님이 다 준비해 두셨다. 당신은 문을 열고 하나님께 들어오시라고 말하기만 하면 된다.

관계를 원해요

대개 사람들은 보이지 않는 하나님께 이런 기도를 드림으로 관계의 문을 연다.

"들어오세요. 주님과의 관계를 원합니다. 주님을 밖에 세워 둔 과거의 잘못을 용서해 주세요. 이제 주님을 제 인생 밖에 세워 두게 만든 모든 것을 포기합니다. 주님을 알기 원합니다."

밖에 아무도 없다면, 문을 열어도 아무 일도 일어나지 않을 것이다. 하지만 하나님이 살아 계시고, 그분의 초대도 진짜라면, 당신 인생에 매우 중대하고 의미 있는 일이 시작된 셈이다. 물론 서로 간단한 소개를 마쳤다고 해서 곧바로 진지한 관계로 돌입하는 경우는 거의 없다는 점을 잊지 말라.

그래도 시작은 아주 중요하다. 속담에도 있지만, 천 리 길도 한 걸음부터니 말이다. 사람들은 이 첫 단계를 기념하는 뜻에서 세례라는 의식을 거행하기도 한다. 세례는 당신과 하나님이 관계에 헌신한다는 공적인 고백이다. 마치 결혼식처럼 세례도 두 사람의 헌신을 확인하는 데 강력한 영향을 미칠 수 있다.

하나님이 제안하시는 인격적인 관계를 받아들일 때, 당신의 인생에 하나님을 초대하는 기도를 올릴 때, 교회의 세례식에 참여할 때, 그 사건이 현실처럼 느껴지지 않을 수도 있다. 처음부터 떨 듯이 기쁘고 강한 확신을 느끼는 사람들도 있지만, 그렇지 않은 사람들도 많다. 보이지 않는 친구가 있다며 어린아이들이 허공에 대고 이야기를 하듯이, 하나님과 관계를 맺는답시고 혼자서 쇼를 하는 것처럼 느껴질 수도 있다.

이런 감정들은 지극히 정상적이다. 본인의 결혼식에서도 비슷한 감정을 느끼는 사람들이 많다. 연극을 하는 것만 같고, 도무지 현실처럼 느껴지지가 않는 것이다.

그런데 이것이 현실인지 아닌지, 스스로를 기만하는 것인지 아닌지를 어떻게 알 수 있을까? 그 이후에 벌어지는 일들을 보면 알 수 있다.

3장

하나님께 말 걸기

이렇게 자기소개와 통성명으로 관계가 시작되었다. 이제 다음으로 할 일은 무엇인가? 바로 대화를 시작하는 것이다.

우리는 대화를 하면서 자신의 생각과 내면을 드러낸다. 상대방의 과거를 알게 된다. 생각과 꿈을 교환한다. 함께 웃는다. 대화가 빠진 관계는 피상적이고 비인격적인 수준을 결코 넘어서지 못한다.

하지만 어떻게 하나님과 대화가 가능하겠는가? 마음속 깊은 곳에서부터 사람들은 하나님을 알고 싶어 하며, 그분과 대화를 나누고자 하는 본능적인 충동을 느낀다. 새신자들은 하나님과 대화를 하려면 격식을 갖춘 '거룩한' 용어를 써야 한다고 생각하기 쉽지만, 실제로는 그렇지 않다는 사실을 곧 깨닫는다. 사람들은 다른 인격적인 관계에서와 마찬가지로, 하나님과도 대화를 나누며 서로 더 잘 알아 가기를 원할 뿐이다. 그래서 사람들은 마음 한구석에 의구심을 품고 있으면서도 기도를 한다. 그런가 하면, 절망에 빠져 하나님이 도와주시기를 바라며 기도하는 사람들도 있다.

그렇게 해서 사람들은 과연 자신이 바라던 것을 얻게 되는가? 사람들은 "하나님이 내게 말씀하셨다"라고 말하지만, 조목조목 따지고 들어가면 그 말은 비유적인 표현에 지나지 않는다는 사실을 금세 알 수 있다. 사람들이 실제로 그 음성을 듣는 경우는 기껏해야 평생에 한두 번 될까 말까다. 대부분은 하나님이 생각하셨음직한 것에 대한 느낌이나 인상을 받는 경우가 고작이다. 그것도 좋다. 하지만 이것이 인격적인 관계의 기초가 될 수 있을까? 일평생 겨우 한두 마디 말을 하는 사람과 친구가 된다고 상상해 보라. 도대체 그런 사람과 어떤 관계를 맺을 수 있을까?

하나님과의 관계가 여타 관계와 똑같다고 억지 주장을 할 필요는 없다. 그분은 하나님이시기 때문에, 우리가 사람을 사귀듯이 하나님과도 친구가 될 수 있다고 생각하는 것은 어불성설이다. 문제는 이것이다. 그분과 말을 주고받는 것, 즉 대화가 가능할까? 우리를 지속적인 인격적 관계로 이끌 대화가 가능하냔 말이다.

변화를 요구하다

인격적인 관계에 중요한 기도 형태가 많이 있지만, 대부분의 사람들이 기도라고 하면 가장 먼저 머릿속에 떠올릴 형태부터 이야기하고자 한다. 그것은 바로 하나님께 무언가를 요청하는 기도다.

남에게 요구 사항이 없더라도 관계를 맺는 데는 아무 문제가 없다. 내가 어떤 사람과 일주일에 한 번씩 만나 커피를 마시면서 아주 가까운 사이가 되었다고 하자. 그러면서도 그 사람에게 도와 달란 소리는 한 번도 안 할 수가 있다.

하지만 하나님과의 관계에서는 그럴 수가 없다. 최소한, 내가 생각하기에는 그렇다. 어린아이가 부모와 함께 지내면서 요구 사항이 없을 수가 있을까? 온 우주를 창조하신 분, 어마어마한 능력으로 세상 만물을 만드신 분과 대화가 가능한데도, 내가 그분께 아무것도 요청하지 않는다면 그런 어처구니없는 일이 또 어디 있겠는가? 게다가 이 세상은 너무 엉망진창이라서 있는 그대로 받아들이기도 어려운데.

그런데 사람들은 도대체 하나님과 어떤 종류의 관계를 맺고 있기에 불공평, 질병, 전쟁, 슬픔, 가난 등 성경의 하나님이 관심을 갖고 계신다는 문제들을 알아차리지 못하고 있을까? 사람들은 그런 문제들을 알아차리지 못할 뿐 아니라, 거기에 어떤 조치를 취해 달라고 요구하지도 못하고 있는 형편이다.

나는 하나님과 에이즈 문제에 대해 대화를 나누어야 한다. 또 무너지는 결혼 생활을 붙잡느라 애쓰고 있는 내 친구들의 이야기를 들려드려야 한다. 다르푸르, 이라크, 스리랑카 등 무고한 사람들이 잔인한 전쟁으로 고통받고 있는 지역에 대해 말씀드려야 한다. 또 암과 싸우고 있는 친구를 치료해 달라고 부탁도 드려야 한다.

하나님께 무언가를 부탁드리는 것은 인간의 본능적인 충동이며, 하나님도 그것을 장려하신다. 성경은 말하기를, 우리와 다른 사람들의 필요를 아뢰라고 한다. 하지만 우리가 그분께 새로 요구할 만한 것은 별로 없는 것 같기도 하다. 하나님은 에이즈도, 힘든 결혼 생활도, 다르푸르 사태도, 암에 걸린 친구들의 사연도 다 아신다. 우리가 아는 것은 물론, 그 이상도 다 알고 계신다. 어디 그뿐인가. 그에 대한 계획도 이미 갖고 계신다. 우리가 생각해 낼 수 있는 것보다 훨씬 더 훌륭한 계획들을 말이다. 우리는 그분이 원치 않으시면 우리가 아무리 요구해도 소용없다고 생각한다. 우리가 생각하는 대로 하나님이 선한 분이시라면, 우리는 결코 그분이 원치 않는 일을 억지로 하시도록 하지 않을 것이다.

그렇다면 왜 굳이 간구를 해야 하는가? 그분이 이미 아시는 일을 아뢰고, 그분이 이미 작정하신 일을 해 달라고 요청하는 이유가 무엇인가?

우리는 인간의 관점과 그분의 관점이 얼마나 다른지를 깨달을 때에야 비로소 하나님께 도와 달라고 간구하는 것이 어떤 의미인지 알 수 있다. 전쟁과 질병과 가족 와해는 우리가 스스로 어찌해 볼 수 없는 불가항력적인 사건이기에, 그분의 능력을 구하며 도우심을 청하는 것이다.

하나님은 그 문제들을 완전히 다른 시각에서 보신다. 그분의 능력은 온 우주에서 가장 크다. 태양보다 뜨겁고, 중력보다 강력하다. 그분께 기적은 식은 죽 먹기다. 작정하시기만 하면 무슨 일이든 하실 수 있다. 손 하나 까딱하지 않고서도 암을 치료하고 전쟁을 종식시키실 수 있는 분이다.

그분은 오히려 명백히 더 어려운 일, 그분의 능력으로도 어찌해 볼 수 없는 일에 관심을 가지신다. 하나님은 그분의 생각을 우리와 나누고자 하신다. 우리와 교제하기 원하신다. 하지만 그것을 우리에게 무작정 강요하실 수는 없다.

하나님이 우리의 요청을 중요하게 보시는 까닭도 그 때문이다. 우리가 문제를 들고 그분께 나아가지 않으면, 그분은 기다리신다. 우리가 요청하지 않아도 얼마든지 문제를 해결해 주실 수 있지만, 우리가 그 문제에 관심을 가질 때까지 잠잠히 계신다. 그러다가 결국 우리가 문제를 들고 그분께 나아가면, 하나님이 가장 바라시는 그분과의 교제, 즉 창조 세계와 창조주의 연합의 첫 번째 단계에 들어서는 것이다. 우리는 그 교제 가운데 만물의 회복으로 나아간다. 이것이 바로 하나님의 최우선순위다.

중차대한 책임

앞서 살펴본 것과 같다면, 기도는 아주 중차대한 책임이다. 우리 자신의 행복뿐 아니라 온 세상의 행복이 거기 달려 있기 때문이다. 하나님은 우리가 이 책임에 눈 뜨기를 기다리고 계신다.

하나님은 우리를 의지하기로 하신다. 인간이 그 변덕스러운 관심을 정말로 필요한 일에 둘 때까지 기다리신다. 인간의 무감동이나 무관심이 그분이 원하시는 치유와 화해와 기쁨을 방해하도록 내버려두신다. 그분이 간여하시지 않으면 온갖 종류의 재앙이 일어날지도 모른다. 왜냐하면 그분이 우리의 관심을 받지 못하고 계시기 때문이다. 그런데도 우리는 기도에 별로 신경을 쓰지 않는다.

하나님을 기다리시게 하는 것만큼 그분께 큰 굴욕도 없다. 하나님이 인간의 살과 피를 입으시고 이 땅에 오신 것이 첫 번째 굴욕이었다면, 이제 그분은 한 단계 더 낮추어 인간의 연약한 주의력에 스스로를 제한하신다.

그러므로 암에 걸린 친구를 위해 기도할 때 나는 내가 이 문제를 하나님께 아뢴다는 생각은 과감히 지우려 애쓴다. 오히려 하나님이 이미 아신다는 사실을 기억하려 애쓴다. 하나님께 내 문제를 도와 달라고 요구하는 것이 아니라, 내가 그분의 일에 동참하는 것이다. 하나님은 나를 기다리고 계셨다. 내가 하나님 앞에 나아오기까지 행동과 도우심을 유보하신 것이다. 하나님은 잠시도 내 친구에게서 눈을 떼지 않으셨다. 아마도 하나님은 내게 이렇게 묻고 싶으실지도 모른다.

"왜 이렇게 오래 걸렸니?"

"왜 좀더 자주 나를 만나러 오지 않니?"

앞에서도 이야기했지만, 하나님이 반드시 내 요구 사항을 들어주시는 것은 아니다. 내 요구 사항과 똑같은 것을 바라는 하나님이라니, 말도 안 되는 생각이다. 하나님은 나보다 훨씬 더 깊이 꿰뚫어 보시며, 내가 상상하는 것보다 훨씬 더 좋은 결과를 바라신다.

우리는 하나님이 우리 요구에 좌지우지되지 않으시기를 간절히 바란다. 왜 하나님이 우리의 요구 사항을 들어주실 때도 있고 그렇지 않을 때도 있는지는 알 수 없다. 어떤 상황에서 무엇이 최선인지 그분이 우리보다 더 잘 아신다고 결론 내릴 뿐이다.

그럼에도 불구하고, 때로는 올바르게 이해해야 할 책임이 우리에게 있다. 바라기는, 그분과 오랫동안 관계를 맺으며 그분을 알아 가고 믿음으로 생활하며 기도할 때, 더욱 그렇게 되리라 믿는다. 하나님께 당신의 문제와 고민을 아뢸 때, 그분이 문제를 대개는 조용히, 보이지 않게 해결하신다는 사실을 알게 될 것이다. 전쟁이 끝난다. 결혼 생활이 회복된다. 암이 사라진다. 이런 이적들이 우리가 바라는 대로 신속하게 이루어지지는 않더라도, 기도하면 실제로 기적이 일어난다.

사람들은 기도가 기적을 불러일으킨다고 말하지만, 내 생각에 이것은 아주 정확한 말은 아닌 것 같다. 기적을 행하시는 분은 하나님이다. 기도는 우리로 하여금 그 기적에 동참하게 하고, 우리를 그분과의 친밀한 관계로 이끈다.

내가 나 자신에게 말하는 것

그렇다면, 우리의 요구 사항이란 것은 인간과 관계를 맺기 원하시는 하나님의 사역이라는 큰 틀 안에서 이해가 가능하다. 하지만 간구하는 기도가 다는 아니다. 찬양의 기도, 슬픔을 아뢰는 기도, 죄를 고백하는 기도도 있다.

그런 기도도 의미가 있는 것일까? 앞에서 말했듯이, 하나님은 내가 입을 떼기도 전에 무슨 말을 하려는지 이미 다 아시는데. 내가 어떤 기분인지, 하나님을 사랑하는지 아닌지도 다 아시는데. 이미 다 아시는 사실을 굳이 내 입으로 반복할 필요가 있을까? 그렇게 한다고 해서 관계가 더 깊어질까?

이렇게 한번 생각해 보자. 나는 나에 대해 모르는 게 없는 어떤 사람과 늘 이야기를 한다. 조금은 어색한 감이 없지 않지만, 나 자신에게 말을 하는 것이다. 입을 열어 큰 소리로 이야기할 때도 있다. 물론, 대부분의 경우, 미친 사람으로 보이고 싶지 않아 조용히 머릿속에서 생각만 하지만 말이다. 어쨌거나 하루 종일 나 자신과 끊임없이 토론을 벌인다. 이미 일어난 사건, 특히 감정적인 부분을 재연해 본다. 내가 할 일을 나 자신에게 일깨우고, "할 수 있어"라고 말하며 나에 대한 믿음을 표현한다. 그런가 하면 이렇게 말하면서 자신을 다잡기도 한다. "어서 시작해. 더 이상 시간 낭비하지 말고!"

나 자신을 꾸짖을 때도 있다. "벌써 두 그릇째야! 아이스크림을 그렇게 먹으면 위가 하나 더 있어야 할지도 모른다고!" 스스로를 가르칠 때도 많다. "좀 친절하게 굴어. 아무도 네 자리를 채가지 않을 테니까." 물론, 칭찬도 잊지 않는다. "잘했어! 좋아!"

왜 이렇게 나 자신에게 말을 하는 걸까? 분명 정보 전달이 목적은 아니다. 내가 나 자신에게 이야기하는 내용은 이미 머릿속으로 다 아는 내용이니 말이다. 그렇지만 자기대화self-talk는 생활에서 정말 중요한 역할을 감당하는 것 같다. 자기대화를 통해 당면한 문제를 인식하고, 그렇게 함으로써 그 문제를 놓고 자아와 조화를 이룬다고나 할까. 이것은 자신을 추스르는 데 많은 도움이 된다.

오래된 친구들의 대화 방식

하나님과의 대화에서 이 내용을 지나치게 강조하려는 사람은 없을 것이다. 어쨌거나, 자기대화의 화자와 청자는 동일인이기 때문이다. 그럼에도 불구하고, 내가 나 자신에게 말하는 경우를 생각해 보면, 새로운 정보를 전달하는 것만이 훌륭한 의사소통은 아니라는 생각이 든다. 내가 모든 것을 다 안다고 해서, 할 말이 없는 것은 아니니 말이다.

친한 사람들과의 대화에서 그 예를 볼 수 있다. 두 사람의 우정이 깊을수록, 함께하는 시간이 많을수록, 상대방에게 전달해야 할 '뉴스거리'는 점점 줄어들게 마련이다. 하지만 그렇다고 해서 할 이야기가 줄어드는가? 오히려 그 반대다.

내 아내 이야기를 꺼내 보겠다. 물론, 우리 부부는 날마다 수많은 새로운 소식을 주고받는다. 그러나 매일 얼굴 맞대고 사는 사이이다 보니, 대부분의 소식은 큰 뉴스거리가 못 된다. 사실, 우리 대화에서 정보가 차지하는 분량은 극히 소량이다. 그렇지만 부부 사이에는 이야깃거리가 늘 끊이지 않는다. 아이들 이야기만 해도 그렇다. 우리 부부가 늘 하는 이야기이기 때문에 나는 아내가 입을 열기도 전에 무슨 이야기를 하려는지 눈치 채는 경우가 많다. 두 사람 다 특별한 대답을 기대하지 않고 그냥 말을 꺼내는 경우도 자주 있다. "딸아이 생각을 좀 해 봤는데요" 하고 아내가 말을 꺼내면, "나도요" 하고 맞장구를 친다. "딸아이를 얼마나 사랑하는지 모르겠어요" 하고 아내가 말하면, 나는 "음" 하고 말한다.

이런 대화에 무슨 특별한 목적이 있겠는가? 그러나 이런 대화가 우리 부부에게는 가장 의미 있다. 우리는 나란히 서서 같은 사물을 바라본다. 서로의 관심사와 사랑과 근심을 공유함으로써 부부 사이가 더욱 돈독해진다.

때로는 대화를 통해 둘 중 한 사람이 행동을 취하기도 한다. 하지만 대부분은 서로 문제를 공유하는 것으로 충분하다. 하나님과의 관계에서도 마찬가지다. 하나님이 우리와 대화하시는 것은 세상 운영에 우리의 조언이 필요해서도 아니요, 우리의 지식이나 통찰력이 필요해서도 아니다. 하나님과 대화를 나누면서 그분께 더 가까이 다가갈 수 있기 때문이다.

나는 아내와 대화를 하면서 칭찬과 감사를 주고받으며 서로 격려하기도 한다. 이 또한 전혀 새로운 것은 아니다. 아내가 나를 존경하고 사랑한다는 것은 잘 알지만, 그럼에도 불구하고 아내에게서 그런 이야기를 직접 들을 필요가 있다. 스스로 아주 자신만만한 부분에서도, 아내의 격려를 원한다. 그럴 때 부부 사이가 더 가까워진다. 그런가 하면, 내가 불필요하게 심한 말을 하거나 부주의한 행동을 한 경우, 아내에게 잘못을 고백해야 할 때도 있다. 내가 뉘우치고 있다는 사실을 아내도 이미 안다. 아내가 나를 용서해 주리라는 것도 안다. 그럼에도 불구하고 입으로 잘못을 시인할 필요가 있다. 내가 자신의 연약함을 인정할 때에야 비로소 부부는 또다시 온전한 연합을 경험할 수 있기 때문이다.

우리가 옛 친구들과 과거 이야기를 하는 것은 서로 공유하는 기억과 사건을 떠올리면서 기뻐할 수 있기 때문이다. "그때 기억나?" 하며 옛날 이야기를 꺼냈을 때 친구들이 놀라지 않고 담담해할 것을 알기에 서로 자기 의견을 나눌 수 있다. 그렇게 사랑하는 사람들이 꺼내는 이야기를 들으면서 우리는 친근하고 강력한 즐거움을 만끽한다. "네가 그렇게 이야기할 줄 알았지. 하나도 안 변했네!"

오랜 친구들은 햇볕 아래 나란히 누운 늙은 견공들 같다. 그냥 한데 모여 같은 하늘 아래서 햇볕을 쬐는 것 자체만으로 즐겁다. 하지만 이 견공들의 즐거움은 2% 부족하다. 서로 대화를 나눌 수 없으니 말이다. 나는 아내에게 이렇게 말한다. "오늘 햇살 정말 좋죠? 팔로알토Palo Alto에서 살았던, 큰 채광창 있던 집이 생각나네." 내 이야기는 아내도 다 아는 이야기이고, 아내도 굳이 반응할 필요가 없다. 혼잣말이나 다름없는 이야기다. 하지만 나는 이야기를 하고 아내는 귀기울여 들으면서 우리 부부는 친밀한 관계를 쌓아 간다.

바로 여기에, 하나님과의 대화를 이해하는 열쇠가 있지 않나 싶다. 문제를 들고 하나님께 가면, 우리는 하나님 곁에 서서 그분과 함께, 공동으로 관심을 갖는 사람들과 문제를 바라본다. 또한 그분께로 시선을 둘 때면 그분을 향한 사랑과 감사를 큰 소리로 표현하는 셈이다. 마치, 상대방도 이미 다 아는 사실이지만, 우리가 오랜 친구들을 얼마나 아끼는지 말해 주듯이 말이다. 우리는 하나님께 우리가 어떤 사람이고, 어떻게 살아 왔는지 고백한다. 그분이 이미 다 아는 사실을 말이다. 또 우리는 그분에 대한 믿음을 표현한다. 그리고 그분이 행하신 일에 감사를 표한다. 그분께는 새삼스러운 일이 아니지만, 이 모든 것을 통해 우리는 하나님께 더 가까이 나아가게 된다.

하나님과의 대화가 교제다

중요한 것은, 우리가 우리 자신이나 친한 친구들에게 하는

제 3 장 하나님께 말 걸기

것처럼 자주, 또 거침없이 하나님과 대화하는 법을 배워야 한다는 것이다. 하나님과의 친밀한 인격적 관계를 원한다면, 그분께 모든 것을 말씀드려야 한다. 당신의 고민과 걱정거리, 소망과 문제를 모두 아뢰라. 열정과 분노, 유머도 말씀드리라. 하루 종일 하나님과 이야기하라. 밤에 자려고 누울 때, 하나님과 대화하라. 아침에 일어나면 문안인사를 올리고, 함께 그날의 계획을 상의하라. 출근길 차 안에서, 라디오를 끄고 그분과 대화하라. 화가 나거나 낙담하거나 염려가 될 때 왜 그런지 그분께 말씀드리라. 기분 좋은 일이 있을 때도 그분께 말씀드리라. 마음을 활짝 열라. 어떤 문제를 놓고 자기 자신에게 이야기하고 있으면, 그 문제를 들고 하나님과 대화를 시도하라. 하나님은 우리 이야기를 듣고 싶어 하신다. 하나님과의 대화를 통해 당신은 그분과의 진정한 교제를 체험하기 시작할 것이다.

4장

하나님 말씀 듣기

3장에서는 하나님과의 대화에 어떤 목적이 있다는 데 초점을 맞추었다. 그 목적이란 다름 아닌 인격적 관계다. 그렇다면 그 반대는 어떨까? 하나님도 우리에게 말씀하시는가? 우리 기도에 응답하시는가? 우리 요구 사항을 들어주실 뿐 아니라, 실제로 우리에게 말씀하시느냔 말이다.

기도 응답만으로는 부족하다. 요구 사항을 들어주는 것은 기계도 할 수 있다. 자동판매기에 지폐를 넣으면 원하는 물건을 꺼낼 수 있다. 하지만 당신이 고민거리를 상담하고 인생에서 중요한 결정을 앞두고 있을 때 조언을 얻을 수 있는 곳은 역시 친구뿐이다.

하나님이 우리에게 말씀하시지 않는다면, 그분과 인격적인 관계를 맺을 수 있으리라는 희망은 좌초에 부딪힌다. 아무리 말을 걸어도 돌아오는 반응이 없다면, 하나님은 우리가 스스로 위안을 얻기 위해 만들어 낸 상상 속 친구에 불과할지도 모른다.

그러나 너무 경솔하지 않도록 주의하라. 일부 그리스도인들의 과장된 주장과 달리, 하나님은 사람들이 하는 것처럼 친구들에게 끊임없이 말씀하시지는 않으니 말이다.

우리는 인간이 이해할 수 있는 말로 하나님이 직접 메시지를 주셨으면 하고 바란다. 가능하다면, 목소리로 들려주시면 더할 나위 없이 좋을 것 같다. 우리는 하나님이 우리의 친구들처럼 의사소통해 주시기를 바란다. 물론, 그분은 그렇게 하실 수 있다. 성경을 보면 하나님이 직접 인간과 의사소통하신 사건이 여럿 기록되어 있다. 환상이나 꿈속에 나타나시기도 했고, 귀에 들리는 목소리로 말씀하셔서 사람들이 그 소리를 천둥소리로 오해한 적도 있었다.

직접적인 메시지는 내면의 느낌—"주님이 나를 인도하시는 것을 느껴"—과는 확연히 다르다. 성경에서 "주님이 이렇게 하라고 말씀하시는 것을 *느껴*"라고 말한 사람은 단 한 사람도 없다. 성경 인물들은 일단 하나님이 말씀하시면, 말씀하시는 분이 누군지 절대로 의심하는 법이 없었다. 그 목소리를 믿고 순종할지, 아니면 불순종할지만을 결정할 뿐이었다. 하나님의 말씀을 전달하는 천사와 환상, 꿈과 목소리는 사람들에게 분명 낯선 것들이었다. 그런 유의 목소리가 당신에게 말씀한다면, 당신도 그 목소리를 알아차릴 것이다.

개인적으로 나는, 직접 하나님의 목소리를 들은 경험은 없다. 하지만 그런 체험을 했다는 사람들은 안다. 내가 아는 어떤 사람은 차를 운전하고 가다가 빨간 신호등에 멈춰 서 있는데, 얼굴 왼편이 이글이글 타는 듯한 느낌이 들면서 왼편에 위치한 교회 목회자들을 위해 기도하라는 분명한 내면의 음성을 들었다고 한다. 그 사람의 이야기는 꽤 설득력이 있어 보였다. 가짜로 꾸며 내거나 과장해서 하는 이야기는 아닌 것 같았다.

또 힘겨운 결혼 생활 끝에 결국 이혼을 한 친구가 있었다. 그녀는 그 악몽 같은 시간을 겪으면서 그리스도인이 되었고, 자신의 상처를 치유하는 데 신앙으로부터 많은 도움을 얻었다. 하지만 중년으로 접어들면서 다시는 결혼하지 못할지도 모른다는 생각에, 또 아이를 낳지 못할 수도 있다는 생각에 많이 괴로워했다. 그러던 어느 날, 그녀는 기도 중에 아주 강력하고 분명한 하나님의 음성을 들었다. 아이 방을 마련하라는 말씀이었다. 평소 이런 식으로 그분의 말씀을 듣는 친구는 아니었다. 하지만 이번 음성은 너무나 확실했기에 그녀는 친구들에게 이 이야기를 들려주고, 그 음성에 순종할 수 있도록 지켜봐 달라고 부탁했다. 도대체 아이가 어떻게 생길지는 알 도리가 없었다.

처음에는 입양을 고려해 보았다. 좋은 생각 같지는 않았다. 그녀는 싱글일 뿐 아니라, 도심 지역 초등학교에서 가르치는 특수교사였다. 학교에서 싱글맘들을 여럿 만나 보았기에, 싱글맘의 생활이 얼마나 고달픈지 잘 알았다. 그러나 하나님이 말씀하셨다는 사실만큼은 확실했다. 그래서 계속해서 입양 절차를 알아보았다.

그런데 그녀의 기도 후원자 중 한 사람이 염려가 많이 되었던 모양이다. 그 사람 생각에는 입양이 별로 좋지 않은 결과를 가져올 것 같아서 타지에 사는 또 다른 친구에게 그녀를 위한 기도를 부탁했다. 친구의 전화를 받은 그 사람은 교회 전화번호부를 꺼내더니 어떤 남자의 사진을 오려 냈다. 1년 전에 암으로 부인과 사별한 사람이었다. 아직 어린 두 딸이 있었는데, 여러 가지로 힘겨운 날들을 보내고 있었다. 그 사진을 친구에게 보냈다. 두 사람이 중신에 나선 것이었다. 그렇게 해서 결혼

이 성사되었다. 내가 아는 최고로 멋진 결혼 이야기 중 하나다.

이들은 모두 내 좋은 친구들이다. 나는 그 부부의 어린 두 딸이 아름다운 여성으로 성장해 가는 모습을 지켜보았다. 하나님이 우리에게 말씀하신다고 믿느냐고? 물론이다.

그렇지만 신빙성 있는 증언들을 종합해 보면, 그런 유의 의사소통이 희귀하기는 하다. 평생 한두 번 그런 일을 겪을까 말까 한 사람들이 대부분이다. 하나님이 귀에 들리는 음성으로 아주 분명하게 "이 위원회에 들어가라" 또는 "콜로라도 주로 이사를 가라" 하고 말씀하시는 경우는 드물다.

실제로 성경에서도 하나님이 그렇게 말씀하시는 경우는 흔치 않다. 물론 그렇게 말씀하신 경우가 있기는 하다. 하지만 그렇게 말씀하시지 않은 경우가 훨씬 더 많고 빈번하다는 사실을 유념해야 할 것이다. 하나님은 꿈에 바울에게 나타나셔서 "마게도니아로 가라"고 말씀하셨다. 그러나 하나님이 그렇게 직접적인 메시지로 바울을 인도하신 경우는 그때가 유일했다. 그 밖의 행선지는 대부분 일반적인 고려 사항을 감안하여 이동했다. 본인이 만나야 할 사람이나 중대한 문제가 발생한 곳을 찾아서 갔다. 직접적인 음성은 없었다.

사도행전은 비유대인 신자들에게 요구해야 할 행동을 놓고 끔찍한 갈등이 벌어진 내용을 기록한다. 아마도 초대교회 역사상 가장 결정적인 대목이지 않았나 싶다. 기독교가 전 세계적인 종교로 발전하느냐, 아니면 유대인의 종파로 남아 있느냐를 결정할 만한 중요한 문제였다. 이 문제를 결정하기 위해 예루살렘에서 특별한 공의회가 모였고, 이곳에서 첨예한 이견들이 제시되었다.

공의회는 어떻게 이 문제를 결정했는가? 하늘에서 목소리가 들려오거나 하지는 않았다. "하나님이 제게 말씀하셨습니다" 하고 일어나서 말하는 사람도 없었다. 이 문제는 다음과 같은 내용을 기초로 결정되었다. 그들이 그동안 지켜본 하나님의 행동 행 15:8-9, 자신들의 경험 행 15:10-11, 구약 성경의 가르침 행 15:15-18.

독자들도 대부분은 이와 같은 원리에 의거해서 행동할 것이다. 하나님께 던진 질문들에 늘 직접적인 답변을 얻지는 못할 것이다. 말씀과 기도 가운데 깊이 침잠하면서 그분과 함께 걷고, 함께 살고, 함께 대화하고, 인도하심을 받는 가운데 그분을 더 깊이 이해하게 될 뿐이다. 우리가 끊임없이 기도하는 가운데, 그분이 끊임없이 자신의 뜻을 드러내시는 가운데, 그런 대화가 가능해질 것이다.

항상 그렇다고 말할 수는 없지만, 이런 매우 친밀한 관계는

가능하다. 인격적인 관계란 그런 것이다. 내가 매일같이 아내에게 친밀함을 느끼지는 않지만, 우리는 늘 인격적인 관계를 맺으며, 서로 교제하고 대화하는 가운데 함께 성장해 간다.

성경과 하나님의 목소리

성경은 하나님이 말씀하시는 내용의 핵심이다. 어찌 보면 성경은 하나님이 인류에 간여하신 내용을 역사적으로 기록한 책이다. 하나님이 직접 말씀하신 내용, 선지자를 통해 하신 말씀, 특히 선지자요 아들인 예수님을 통해 하신 말씀을 대거 담고 있다. 어떤 성경은 예수님이 하신 말씀을 붉은색 글씨로 표시하는데, 이 특정 말씀들이 바로 하나님의 목소리를 담고 있기 때문이다.

그러나 성경이 하나님의 말씀이라는 주장에는 그보다 더 깊은 뜻이 있다. 성경에는 하나님이 하신 말씀이 들어 있을 뿐 아니라, 성경 전체가 하나님의 말씀이다. 왜냐하면 성경은 하나님이 누구신지, 무엇을 원하시는지, 싫어하시는 게 무엇인지, 무슨 일을 하고 계시는지를 균형 잡힌 시각으로 완벽하게 그려낸 믿을 만한 정보를 주기 때문이다. 성경은 하나님이 자신에 대해 알리고 싶어 하시는 내용을 담고 있다. 하나님은 성경을 만드셔서 인간이 그분을 알 수 있게 하셨다.

성경은 하나님의 삶과 인간의 삶이 교차하는 지점에 초점을 맞춘다. 성경은 천국 이야기를 많이 들려주지도 않고, 삼위일체가 인간의 상상력에 미치는 내적인 영향력도 거의 언급하지 않는다. 하나님과 사탄의 관계, 그분의 메신저인 천사들과의 관계도 마찬가지다. 물론 이 부분도 중요한 문제로, 여기에 큰 관심을 보이는 사람들도 많다. 하지만 성경은 하나님과 인류의 상호 관계를 집중적으로 조명함으로써, 그분이 인간과의 관계에 가장 힘써 개입하신다는 사실을 보여 준다.

그러나 당신이 하나님과의 개인적인 관계를 돌아본다면, "그래서 어쨌다는 거죠?" 하고 말할지도 모르겠다. 성경에 나오는 내용은 하나님과 다른 사람들과의 관계이지, 당신과의 관계는 아니기 때문이다. 게다가, 성경은 아주 오래된 책이다. 요즘 사람 치고 구닥다리 책을 서재에 두고 보는 사람이 어디 있는가. 이 책은 2000여 년 동안 한 글자도 바뀌지 않았다. 그런데도 그 책이 **나**를 위한 것이라고? 개인적인 책이라고?

그 대답은 "그럴 리 없다"는 것이다. 호기심이 발동해서 바벨로니아의 「길가메시 서사시」 *Epic of Gilgamesh*나 리비우스의 「로

제 4 장 하나님 말씀 듣기

마사」 *History of Rome*, 에우리피데스의 「키클로페스」 *The Cyclops* 같은 옛날 이야기를 읽듯이 훑어볼 수 있을지는 모르겠다. 이런 고대 문서들은 다른 시대, 다른 지역에서 쓰였다. 이런 책의 등장인물들이 나름대로 의미 있는 이야기를 할 수는 있겠지만, 우리에게 하는 이야기는 아니다.

많은 사람들이 성경을 대하는 방식도 비슷하다. 고대 히브리 종교에 대한 정보를 얻으려고, 신학 연구의 일환으로, 언어가 아름다워서, 영감을 얻어 보려고 성경을 읽는다. 성경이 마음의 평안을 가져다준다고 생각하는 사람도 있을 것이다. 하지만 성경이 인격적이라고 생각하지는 않는다.

성경의 핵심에는 인격적인 목소리가 있다

이 구닥다리 책이 우리에게 개인적으로 말하려면 뭔가가 필요한데, 그 '뭔가'가 바로 성령님이다.

성령님은 누구신가? 아주 간단하게 답해 보자면, 그분은 하나님, 좀더 정확하게 말해서, 우리와 함께하시는 하나님이다. 그분과 인격적인 관계를 맺으려고 하나님을 초대하면, 성령님이 거기에 응답하신다.

성령님이 우리 초대에 응하시는 아주 중요한 방법은, 기록된 성경이라는 비인격적인 매체를 취하여 그것이 우리에게 인격적으로 말씀하게 하시는 것이다. 성경에서 격려와 위로의 말씀을 읽으면, 하나님이 우리에게 직접 주시는 말씀으로, 즉 우리의 독특한 상황 가운데 개인적으로 말씀하시는 그분의 위로와 격려로 듣게 된다. 경고의 말씀을 읽을 때면, 마치 어릴 적에 어머니의 꾸중을 듣는 것처럼 똑똑히 우리에게 하시는 말씀으로 듣게 된다. 성경 말씀은 예전에 읽었던 것과 마찬가지로 비인격적인 단어의 조합이요, 우리는 다른 책을 읽을 때와 마찬가지로 동일한 지적 도구를 활용하여 성경을 이해하게 된다. 그러나 하나님이 성령님을 통해 말씀하시므로, 성경은 우리에게 직접적이고도 인격적으로 말씀한다. 그렇기 때문에 이 말씀에 변화의 능력이 있다. 예를 들어, 날마다 신문에서 "친애하는 애비에게"Dear Abby: 미국 신문에 실리는 유명한 상담 칼럼—역주를 찾아 읽는 것과 당신의 편지를 소개하는 특정한 날의 칼럼을 읽는 것은 천지차이다. 늘 보던 조언이지만, 특별히 당신의 고민에 답하는 내용이기 때문이다.

이런 인격적인 의사소통이 날마다 일어나란 법은 없다. 성경이 그저 유용하고 흥미로운 책으로 느껴지는 날이 오히려 더

제 4 장 하나님 말씀 듣기

많을 것이다. 그러나 하나님과의 관계가 깊어질수록, 성경이 다른 목소리, 즉 사랑 많으신 하나님의 목소리로 들리는 날이 점점 더 늘어날 것이다.

이 점은 성경의 특정 본문이나 전반적인 부분 모두에 해당한다. 대부분의 성경 말씀은 격려의 말, 하나님의 영광을 묘사한 내용, 윤리적인 지시 등 추상적인 메시지의 형태를 띤다. 성령님을 통해 이러한 내용이 당신에게 향하는 개인적인 말씀이 된다. 그 말씀이 본인의 상황에 적용된다는 사실을 깨닫는 것이다. 하나님이 성경을 통해 당신에게 말씀하시기 때문이다.

그와 동시에, 성경은 아담과 하와로 시작하여 수천 년에 걸쳐 하나님이 인간에게 개입하신다는 전반적인 메시지를 전달한다. 성령님을 통해 나는 내 이야기가 이 큰 이야기에 어떻게 들어맞는지 깨닫는다. 모든 내용을 세세히 이해하지는 못하더라도, 하나님의 크신 계획 가운데 내 인생을 향한 계획도 있다는 사실을 점점 더 확신하게 된다. 비유를 하자면, 나는 디데이 D-Day 전날을 맞이한 미군과 같다. 어떤 군인이 아이젠하워 장군에게서 노르망디 상륙 작전의 구체적인 전략을 담은 작전 지시를 받았다고 하자. 아마도 이 군인은 그제야 비로소 그동안 본인이 해안 절벽 기습 훈련을 받은 이유를 깨달았을 것이다. 이제 모든 것이 한눈에 들어오면서, 본인의 군사 행동이 작전상 얼마나 중요한지도 알게 된다.

하나님의 큰 이야기를 반복해서 읽고 묵상하는 가운데, 하나님이 왜 내게 이런 특별한 은사와 특권과 경험을 주셨는지 이해할 것 같았다. 내 인생의 조각조각이—완벽하지는 않지만 의미 있게—한데 모이고, 내 인생의 모든 열쇠를 쥐고 계신 하나님이 인격적으로 개입하시는 것을 느끼기 시작한다. 이 땅에 행하신 그분의 이야기를 읽으면서, 이 이야기가 곧 내 이야기임을 깨닫는다. 하나님은 내가 누구이며, 내게서 무엇을 원하시는지 설명하고 계신다.

이렇게 성경을 통해 성령님을 증거하시는 것은 하나님이 우리에게 말씀하시는 근본적인 방법이다. 이런 대화는 인간의 대화처럼 즉각적이지 않다. 하나님께 질문을 한다고 해서 곧바로 대답이 돌아오지는 않는다. 말소리가 없는 이 대화를 이해하려면 끈기 있게 듣는 습관을 들여야 한다. 대화 사이사이에 긴 침묵이 끼어든다. 때로는 참기 힘든 곤욕스러운 침묵일 수도 있다. 하지만 매우 인격적인 대화임에 틀림없다. 조금씩 나 자신을 드러내면서 그분의 마음과 생각을 더 많이 이해하게 되기에 하나님과 점점 더 가까워진다. 곤란한 일이나 어려운 일이 생

기면 성경을 읽으면서 하나님의 목소리에 귀를 기울인다. 성령님이 참과 거짓을 분별하는 법을, '문제를 정리하는' 법을, 그분의 관점에서 문제를 보는 법을 내게 가르치시는 동안 잠자코 듣는다.

내면의 느낌

나는 이와 같은 공유된 관점이, 그리스도인들이 하나님의 음성으로 혼동하는 '내면의 느낌'을 낳는다고 믿는다. 우리가 어떤 사람과 가까워지면, 그 사람의 시각을 직감적으로 이해하게 된다. 예를 들어, 친한 친구에게 선물할 기회가 있으면 그 사람과 기념일의 성격에 딱 맞아떨어지는 선물을 열심히 찾는다. 무수한 종류의 물건들을 샅샅이 찾아보지만, 아무래도 딱 맘에 드는 것이 없다. 그러다가 갑자기 머릿속에 무언가가 떠오르고, 그것만큼 안성맞춤인 선물도 없는 것같이 느껴진다. 때로는 딱히 계기랄 것도 없이 난데없이 그런 생각이 들기에, "그냥 문득 생각이 나더라고" 하고 말할 수밖에 없다. 하지만 기적처럼 보이는 그런 통찰력도 실은 다 근거가 있다. 내가 친구와 주기적으로 만난다면, 아무 말도 주고받지 않더라도 그의 이야기를

'듣고' 있는 셈이다. 나는 이 친구에게 늘 '귀기울이고' 있는 것이다.

하나님과 그분의 말씀과 늘 교제하는 그리스도인이라면 이런 통찰력의 중요성을 깨달을 것이다. 하나님께 이런저런 말씀을 드리는 중에 외부에서 갑작스런 깨달음이 온다. 뜬금없이 마음속에 이런 생각이 든다.

"제인이 외로워하고 있으니 전화 좀 해 봐라."

"하던 일을 그만두고 당장 기도해라."

이런 마음이 들면, 관심을 갖고 하나님이 주신 마음이든 아니든 진지하게 생각해 보는 것이 좋다. 이것이 반드시 확실한 직감은 아닐 수도 있다. 딱 맞는 선물을 골랐다는 내 직감이 때로는 빗나가는 것처럼, 이것도 잘못된 생각일 수 있다. 조금은 회의적인 시각도 필요하다. 어떤 형제가 같은 교회 자매에게 하나님이 당신과 결혼하라고 말씀하셨다는 식의 이야기는 다들 한 번쯤 들어 보았을 것이다. 이런 이야기를 들은 자매는 "그렇다면 하나님이 제게도 말씀해 주실 거예요. 그분이 저를 잘 아시니까요"라고 대답해야 할 것이다.

하지만 마음속에 떠오른 생각이 옳을 때도 있다. 하나님을 많이 알아 갈수록 그 생각이 옳을 확률도 높아진다. 그런 경우에는 잘 듣고 제대로 반응해야 한다. 그것이 하나님이 주신 생각이라고 100% 확신하지 못한다고 해서 무조건 무시하는 것은 옳지 못한 처사다. 최소한, 하나님을 잘 아는 다른 친구들과 의논해 볼 일이다. 그래도 의구심이 든다면, 하나님께 다시 말씀해 달라고, 올바르게 인도해 달라고 부탁드린다. 또 하나님의 말씀을 오해해서 잘못된 길로 갔다면 가던 길을 멈추거나 되돌아가게 해 달라고 부탁드리면 된다. 하나님은 이런 대화에 적극적으로 참여하신다.

대학 졸업 직후, 나는 인생에서 가장 중요한 전환점을 맞았다. 그 당시 나는 작은 출판사에 취업을 한 상태였다. 일이 마음에 들었다. 좋은 기회가 점점 더 많이 찾아왔고, 상사도 더 많은 기회를 약속했다.

그 회사에서 일한 지 네다섯 달쯤 되었을 때 구직 활동 중에 만났던 다른 출판사에서 연락이 왔다. 점심 식사를 함께한 자리에서 그쪽은 내게 일자리를 제안했다. 생각할 시간을 달라고 했지만, 솔직히 말해서 이렇게 빨리 이직을 해도 좋을지 확신이 서지 않았다. 하지만 그쪽을 존중해서, 생각해 보고 언제까지 답을 주겠노라고 예의상 대답했다. 그 문제를 놓고 기도해 보겠다고도 했다.

기도했다. 하지만 굳이 변화가 필요하다는 생각이 들지 않았다. 지금 하고 있는 일이 너무나 만족스러웠기 때문이다.

가부간에 확답을 주겠다고 약속한 날이 다가왔다. 아직 이직할 생각이 없으니 지금 다니는 직장에 남겠다고 말씀드리기로 맘을 먹었다. 그렇지만 그때까지 계속해 왔듯이 기도는 멈추지 않았다. 내 결정이 잘못되었다면 깨닫게 해 달라고 하나님께 기도했다. 그런 다음 잠자리에 들었다. 다음날 아침 일찍 출판사에 전화를 걸 작정이었다.

잠이 오지 않았다. 기도와 생각에 잠겨 뜬눈으로 밤을 새다시피 했다. 아침이 되자 직장을 바꾸어야겠다는 강한 확신이 들었다. 하나님이 이 결정에 함께하신다는 느낌이 들었다.

하나님이 내 이름을 부르거나 귀에 들리는 소리로 말씀하신 것은 아니었다. 하지만 뭔가 눈치를 주시는 것 같았다. 나는 도와 달라고 부탁했고, 하나님은 답을 주셨다. 나는 전혀 새로운 시각에서 새로운 지평을 갈망하게 되었다. 하나님이 함께하셔서 마음을 바꿔 먹었다.

내 잠재의식 속에서는 처음부터 직장을 바꾸어야겠다고 생각했던 게 아니었을까? 기도를 하다 보니 내가 애써 무시해 온 감정이 표면으로 드러났던 것은 아닐까? 그렇지 않으면, 하나님이 정말로 개입하신 것일까?

　내 답은, 하나님이 부드럽게 개입하셨다는 것이다. 아무리 많은 정신분석을 한들, 나 스스로는 결코 직장을 바꾸지 않았을 것이다. 그렇지만 그 점을—나 자신에게조차—증명하기란 불가능하다. 내가 말할 수 있는 사실은, 내 고민거리를 하나님께 털어놓았고, 그분의 음성에 귀기울였다는 것뿐이다.

　결과적으로 너무나 잘한 일이었다. 이전 직장은 얼마 못 가 교착 상태에 빠졌다. 6개월이 채 못 되어 나는 이직한 것을 정말 다행으로 여기게 되었다. 새 직장은 너무나 좋은 곳이었다. 거기서 함께 일한 사람들은 모두 평생의 친구요 멘토가 되었다.

　나는 기도는 물론, 내면에 떠오른 생각도 중요하다고 믿는다. 그 음성에 귀기울임으로써 우주의 하나님과 인격적인 관계를 맺는 법을 배울 수 있다. 행복한 결혼 생활을 하는 사람들은 이 구동성으로 말할 것이다. 상대방이 대놓고 말하지 않는 이야기도 들을 줄 알아야 한다고 말이다. 배우자와 깊이 있는 교제를 원한다면, 상대방의 마음을 읽고 적절히 반응하는 법을 배워야 한다. 하나님과의 관계에서도 마찬가지다.

말이 얼마나 소중한가

장로교 선교사이셨던 우리 할아버지는 말년에 중풍으로 쓰러지셔서, 돌아가시기 전 10년 동안 실어증으로 고생을 많이 하셨다. 이 희한한 병에 걸리면 말이 되었건 글이 되었건 언어로 의사소통하는 능력을 잃어버린다. 중풍 때문에 뇌에서 의사소통을 관장하는 부분이 손상을 입은 것이다. 할아버지는 정신은 말짱했지만, 생각을 제대로 표현하실 수가 없었다. 마치 외국어라도 하시는 것처럼 앞뒤가 맞지 않는 단어를 내뱉으셨다. 우리가 하는 말을 알아듣지도 못하셨다.

할아버지는 파키스탄에 가 계시던 중에 중풍을 맞으셨다. 여행을 할 만할 정도로 몸이 회복되신 다음, 비행기에 실려 우리 어머니가 기다리시는 영국으로 오셨다. 할아버지는 영국에 도착하시자마자 가장 먼저 훌륭한 셰익스피어 극단의 연극을 보고 싶다고 하셨다. 물론, 말씀을 못하시기 때문에 몸짓으로 뜻을 전달하셨다. 또박또박 큰 목소리로 해주는 이야기는 본인이 이해할 수 있지 않을까 생각하셨던 것 같다. 하지만 할아버지는 실망만 하고 돌아오셨다.

이즈음 할아버지가 쓰신 편지들은 아주 인상적이었다. 언뜻 보면 평소 필체와 다름없지만, 자세히 들여다보면 문장이 뒤섞여 말이 되지 않았다.

'무슨 뜻인지 파악하려면 시간 좀 걸리겠는걸.'

맨 처음 할아버지의 글을 보고 들었던 생각이다. 하지만 아무리 애를 써 봐도 무슨 말씀을 하시려는지 알 수가 없었다.

할아버지 입에서 이따금씩 분명한 단어가 터져 나오기도 했지만, 그 말이 맞는지 틀린지 본인은 알 길이 없었다. 말씀을 하실 때면 본인 귀에는 다 제대로 된 소리로 들렸기 때문이다. 하지만 할아버지는 시편 말씀들은 대부분 모두 기억하셨고, 기도하는 법도 잊지 않으셨다. 뇌의 회로가 너무 방대해서 완전히 망가지지는 않나 보다 하고 나름대로 추측할 뿐이었다.

몸짓이나 얼굴 표정, 말투로 간단한 정보 교환은 가능했다. 시간이 오래 걸리고 지루하기는 해도 어쨌거나 의사소통은 가능했다. 하지만 실제로는 의사소통할 일이 많지는 않았다. 할아버지는 이미 은퇴하셨고, 식구들이 필요한 것을 잘 챙겨 드렸기 때문에, 할아버지가 하시려는 말씀은 얼마 되지 않았다. 그럼에도 불구하고, 할아버지를 사랑하는 우리 가족에게 그 10년은 참으로 고통스러운 시간이었다. 사랑하는 사람과 함께 살면서도 할아버지는 어느 누구와도 대화를 하실 수 없었다. 할아버지는 외로워하셨다. 누군가와 이야기를 해 보려 해도 늘 여의치가 않았다. 할아버지는 말을 빼앗긴 상태로 사셨다.

추수감사절이면 할아버지는 우리 부모님 댁에 오셔서 식사를 같이 하셨다. 스코틀랜드인 특유의 큰 얼굴에 미소를 머금은 채, 무릎에 아이들을 앉히고 사랑하는 가족들과 맛있게 식사를 즐기셨다. 할아버지는 말씀을 해 보려고 애쓰셨다. 옛날에 하던 농담을 시도하는가 하면, 하나님이 왜 본인에게 고통을 허락하셨는지 질문을 던져 보기도 하셨다. 우리는 할아버지가 농담이나 고통에 관한 신학적인 대화를 시도하려 하신다는 것을 눈치 챌 수 있었다. 하지만 그 농담을 이해하거나 그분의 생각을 따라갈 수는 없었다. 어떻게든 할아버지 말씀을 이해하려고 애쓰다가, 영문을 몰라 헤매다 결국 실패하고는 죄송하다는 듯 고개를 가로저으면서 쓴웃음을 지을 뿐이었다. 결국 할아버지는 구석에 있는 안락의자에 자리를 잡고는 꾸벅꾸벅 조셨다. 할아버지는 자식들에게 죽고 싶다는 심정을 표현하셨다.

대화는 선물이다. 사람들은 말을 주고받으면서 인격적인 관계를 형성해 간다. 대화가 특별한 정보를 전달해 준다기보다는 우리를 하나로 묶어 주기 때문이다. 중풍이나 알츠하이머병으로 언어 기능을 상실하면 혼자라는 슬픔이 얼마나 깊은지 알게 될 것이다.

나는 스스로에게 말을 건네는 것만큼 자주 하나님께 말을 거는 것이 만만치 않은 도전거리라고 생각한다. 바울이 사람들에게 "쉬지 말고 기도하라"살전 5:17고 말했을 때 이 점을 염두에 두었으리라고 믿는다. 이것은 또한 하나님의 말씀을 읽고, 성령님의 음성을 통해 그 말씀을 개인적으로 하시는 말씀으로 듣는 데에도 도전이 된다. 이렇게 하면 그분의 성품과 계획이 우리 마음에 새겨져, 우리가 그분께 말씀드리는 것만큼이나 자주 그것을 통해 그분이 우리에게 말씀하실 수 있다. 이런 의사소통은 완벽한가? 이것이 우리가 바랄 수 있는 전부인가? 그렇지는 않다. 하지만 그럼에도 불구하고 아주 귀하다. 우주에서 혼자인 것과 우주의 창조주 되신 그분과 인격적인 관계를 맺는 것은 어마어마한 차이이기 때문이다.

종말의 말씀

사람들은 나중에 예수님을 만나면 어떤 질문을 드릴지 생각해 보곤 한다. 그동안 궁금했던 것들을 몽땅 다 해결하고 싶을 것이다. 하지만 성경에서 막상 다가올 그날에 대해 알려 주는 소리는 예상 밖이다. 요한계시록은 그날의 모습을 보여 주는데,

그것은 궁금하고 의심스러운 내용을 질의 응답하는 대학원 세미나와는 거리가 멀다. 요한계시록에서 사람들은 긴 수다를 떨지도, 고통의 의미에 대해 질문하고 답변하는 시간을 갖지도 않는다. 거기에 등장하는 유일한 말은 찬양의 노래다.

"보좌에 앉으신 이와 어린양에게 찬송과 존귀와 영광과 권능을 세세토록 돌릴지어다" 계 5:13.

하나님은 우리에게 무엇이라고 말씀하시는가? 예수님이 마태복음 25장에서 하신 말씀을 보면, 하나님은 초대의 말씀을 하신다.

"내 아버지께 복 받을 자들이여, 나아와 창세로부터 너희를 위하여 예비된 나라를 상속받으라" 마 25:34.

나는 영원히 찬양이 계속되는 장면을 상상해 본다. 우리가 "찬송과 존귀와 영광과 권능을"이라고 찬양하면, 하나님은 계속해서 "오라! 나아오라!"라고 말씀하신다.

아주 흥미로운 사실이 한 가지 있다. 찬양과 초대는 이미 우리가 하나님과 나누는 대화에 포함되어 있다는 것이다. 예수님이 가르쳐 주신 주기도문에 따르면, 우리는 하나님께 기도할 때 찬양으로 시작해서 찬양으로 끝을 맺는다. 그런가 하면, 성경에 기록된 하나님의 말씀은 와서 하나님을 만나라는 초대의 말씀으로 보아도 무방하다. 그렇다면, 마지막 날 얼굴을 맞대고 그분을 뵐 때 우리는 전혀 어색하지 않을 것이다. 그때까지 우리가 늘 그분과 대화하던 방식과 거의 마찬가지일 테니 말이다. 비슷하면 비슷했지, 다르지는 않을 것이다.

제3부

깊이 사귀기

교회에서 예수님과의 관계를 시작하면,

희한하게도 그곳에서 그분의 성품도 닮기 시작할 것이다.

새신자에게 예수님이 어떤 분인지 말해 보라고 하면,

"사랑이 많으시다"거나 "자비로우시다" 정도로밖에 대답하지 못할 것이다.

하지만 교회에서 만난 예수님의 가족에 대해 물어 보면, 거침없는 대답이 쏟아져 나올 것이다.

5장

가족 만나기

자, 이제 여러 시간에 걸쳐 살가운 대화를 나누었다. 당신은 이게 바로 당신이 바라던 관계라는 확신을 갖게 된다. 두 사람은 서로를 알아 가는 중이다.

하지만 아무 기초도 없는 진공 상태에서 관계가 성장하는 법은 없다. 이제 가족을 만날 차례다.

아내와 처음 사랑에 빠졌을 때를 생각해 보면, 아내와 가까워질 수만 있다면 하루 종일 그녀 곁에만 붙어 있을 수도 있었다. 그러나 아내의 가족과 함께 보내는 시간은 그렇게까지 간절하지 않았다. 그분들을 싫어했다는 소리는 아니다. 하지만 내가 선택한 사람은 포피이고, 그녀의 가족은 말하자면 굳이 필요하지는 않은 부록처럼 딸려온 셈이다.

아내의 가족은 남부에 살았고, 우리 가족은 북부 사람들이었다. 장인어른은 의사, 우리 아버지는 목회자였다. 장모님은 당신 딸이 재학 시절 여대생 사교 클럽에 가입하지 않았다고 말씀하시면서 못내 섭섭한 듯 눈물을 보이셨다. 우리 어머니가 학교에 다니실 때 여학생 사교 클럽 반대 운동을 벌였다는 사실은 입도 뻥끗하지 않는 편이 나을 듯했다.

나는 그런 가풍 차이에 적응하는 것이 썩 내키지 않았다. 또 우리 부부는 양가 어르신과는 아주 멀리 떨어져 살았기에 굳이 그렇게 할 필요도 없었다. 이미 오래 전에 학교를 졸업하고 경제적으로도 독립해서 직장 생활을 잘해 나가고 있었기 때문에 남들처럼 양가 신경 쓰지 않고도 얼마든지 관계를 유지할 수 있었다.

하지만 우리는 양가와 동떨어져 살아가는 것에 대해 한 번도 생각해 본 적이 없었다. 가족과 동떨어진 관계가 얼마나 깨지기 쉽고 피상적이며 외로운지 잘 알고 있었기 때문이다.

양가 가족사에는 우리 부부의 모습이 고스란히 녹아 있다. 장인 장모님은 아내를 길러 주셨고, 아내는 처남·처제와 함께 자랐다. 처가 식구들은 아내가 갓난아기였을 때부터 지금까지 수많은 시간을 함께 보내며 오랜 추억을 함께했다. 또 처가 식구들은 아내에게 큰 영향을 미쳤다. 함께 보던 책과 텔레비전 프로그램은 아내의 정서를 형성했고, 가족들의 유머 감각은 아내의 유머 감각을 자극했다. 처갓집은 아내가 나고 자라 곳곳에 추억이 깃든 아내의 집이기도 했다. 처가 식구들은 아내의 옛 이야기를 알 뿐만 아니라, 그들이 바로 아내의 옛 이야기이기도 했다. 그들은 아내의 고등학교 동창들, 초등학교 동창들을 알았다. 아내가 사랑하고 또 반항했던 사람들이 바로 그들이었다.

유령 이미지

때로 화가는 작품의 완성도를 높이기 위해 이전에 그린 그림 위에 다시 채색을 할 때가 있다. 수백 년 후에, 큐레이터들은 엑스레이를 비롯한 여러 장치를 동원하여 채색으로 덮은 부분을 '보기'도 한다. 그러면 먼저 그린 그림들, 즉 그림의 숨은 역사를 드러내는 '유령들'이 나타난다. 가족도 이와 비슷한 구석이 있다. 가족은 어딜 가든 우리를 따라다니는 유령 같은 존재다.

나를 만난 사람은 우리 가족이 보이지 않겠지만, 사실 우리 가족도 그 자리에 있다.

몇 해 전에 우연히 봉투 하나를 집어 들었다가 조금은 으스스한 사실을 발견했다. 분명히 내가 쓴 것이 틀림없는 발신인 주소인데, 영락없는 우리 아버지 글씨체였다. 아버지의 필체를 따라 하려고 굳이 애쓴 적이 없는데도, 나도 모르는 사이 아버지의 필체를 닮아 갔던 것이다. 사람들 눈에는 보이지 않았지만, 아버지는 늘 나와 함께 계시면서 내 손을 이끄셨다.

「하나님의 얼굴을 아는 것」 *Knowing the Face of God*이라는 책을 쓰면서도 이와 비슷한 경험을 한 적이 있다. 이 책은 내가 쓴 책 중에서도 가장 개인적인 책이었으므로, 나는 좋은 작품을 쓰려고 심혈을 기울였다. 책을 쓰는 동안 내 안에서 두 가지 성품이 서로 싸우는 것을 느꼈다. 우리 부모님의 성품 즉, 아버지의 직관적이고 즉각적인 비약과 어머니의 꾸준한 신앙심이었다. 두 성품 모두 금세 알아차릴 수 있었는데, 부모님이 나를 길러 주셨기 때문이다. 이제 내 글에서 두 분이 목소리를 내신다는 것을 알 수 있었다.

아이를 키우면서 이와 비슷한 경험을 하는 사람들이 많다. 자식들에게 무슨 이야기를 하거나 꾸중을 할 때, 부모님에게서

제 5 장 가족 만나기

듣던 이야기를 자기가 하고 있는 것이다. 자기는 절대로 부모님처럼 말하지 않겠다고 맹세했건만, 마치 부모님이 하시던 말씀을 본인 입으로 전달이라도 하는 듯, 자기도 모르는 사이 입 밖으로 터져 나온다.

그렇기 때문에, '약혼자 부모님과의 상견례' 자리에 나갈 때는 사실상 미래의 배우자 모습을 만나러 가는 것이나 마찬가지다. 시댁 혹은 처가 식구는 명절 때만 만나는 것이 아니다. 장모님이 장인어른께 하듯 아내가 당신을 대할 때, 남편이 평소 시아버지처럼 텔레비전 앞에 앉아 꼼짝도 안할 때, 우리는 매일 배우자의 식구들과 함께 사는 것이나 마찬가지다. 30년 후 배우자의 모습이 궁금하다면, 그 부모를 잘 살펴봐야 한다고들 말한다. 아마 30년까지 기다릴 필요가 없을지도 모른다.

가족은 나의 일부다. 설령 가족이 맘에 들지 않더라도, 그래서 자주 방문하지 않더라도, 얼굴 안 보고 살기로 작정했더라도 말이다. 어떤 사람과 강력한 인격적 관계를 맺기 원한다면, 반드시 그 가족을 알아야 한다.

하나님은 모든 것의 근본이시다

이런 사안이 과연 하나님께도 적용이 될까? 어떤 의미에서는, 내가 아내의 가족을 알듯이 우리가 하나님의 가족을 알기는 불가능하다는 생각이 든다. 하나님은 아무도 '닮지' 않으셨기 때문이다. 요한은 예수님에 대해 말하면서, "그가 태초에 하나님과 함께 계셨고 만물이 그로 말미암아 지은 바 되었으니"요 1:2-3 라고 한다. 아내에게는 조상이 있지만, 예수님은 모든 것의 근본이시다.

하지만 하나님께도 가족, 즉 그분을 '닮은' 사람들이 있다. 그분의 가족을 통해 하나님을 아는 것은 내가 아내의 가족을 만나러 간 것과는 사뭇 달라서, 오히려 우리 자녀를 만나는 것과 비슷하다고 해야 할 것이다. 포피를 제대로 알고 싶은 사람은, 우리 집 세 아이 케이티와 체이스, 실라스를 알아야 한다. 아내가 이 세 아이들에게 지대한 영향을 미쳤을 뿐 아니라, 이 아이들이 '아내를 닮았기' 때문이다.

하나님께도 자손이 있다. 인류는 '하나님을 닮은' 사람들이다. 하나님이 우리를 "자기 형상대로" 만드셨기 때문이다. 그 형상이 아무리 심하게 왜곡되었다 하더라도, 여전히 인간은 하나님의 형상을 지니고 있다.

그러나 실질적으로 말하자면, 하나님의 자손이라고 해서 모두 다 그분과 친밀한 관계를 누리지는 못했다. 인간의 유전자에 하나님의 형상이 새겨져 있지만, 그 형상은 그분의 인격적인 영향을 통해서만 온전히 발전할 수 있다. 성경은 교회라는 하나님의 가족을 집중 조명한다. 모든 인류가 하나님의 가족으로 예정되었지만, 날마다 그분과 꾸준히 관계를 유지하면서 그분의 영향력을 드러내는 사람은 바로 교인들이다.

그게 무슨 말이냐고 반문하는 사람들도 있을 줄 안다. 교회에 가면 골프 이야기만 늘어 놓는 배불뚝이 중년 아저씨들, 머리가 허연 할머니들, 자녀들 돌보느라 여념이 없어 유소년 축구 이외의 바깥세상 일은 나 몰라라 하는 젊은 부부들뿐이다. 그런 데서 어떻게 하나님을 찾을 수 있겠는가? 주일을 위해 잘 차려입은 정장, 유행에 뒤처진 음악, 크래커 한 조각과 와인 한 모금으로 끝나는 의식 등에서 천지를 지으신 하나님을 만날 수 있겠는가? 매주일 한물간 농담으로 시작하시는 목사님 설교에서 어떻게 하면 하나님의 음성을 들을 수 있을까? 예배 후 도넛과 커피를 마시는 교제 시간에 하나님을 만날 수 있을까? 중고등부 예배 시간에 옆 친구와 장난치며 킬킬거리는 학생 앞에 하나님이 나타나실까? 나는 정말로 특별한 하늘의 하나님을 알고 싶은데, 예수님의 가족은 평범하기 그지없는 사람들 같다. 상황이 이런데, 어떻게 하면 하나님을 만날 수 있을까?

쉽지 않은 질문이다. 그렇지만 하나님을 알려면 그분의 가족을 만나야 한다는 내 주장에는 변함이 없다. 처가 식구들을 제외해 버리면 부부 관계가 깨지기 쉽고 좁아지는 것과 마찬가지로, 교회 식구들을 배제한 하나님과의 관계는 편협하고 냉랭하고 비인간적인 관계로 변질되기 쉽다. 교회에서 하나님의 성품이 인간의 모습을 취하기 때문이다. 예수님은 이 사람들에게 영향을 미치신다.

하나님을 찾을 수 있는 곳?

어찌 보면 교회에서 하나님을 찾는 게 엉뚱한 것 같지만, 그래도 사람들은 하나님을 찾으려고 교회에 간다. 당신의 이웃이나 직장 동료가 천상의 열망, 즉 루이스C. S. Lewis가 말한 "이 세상의 그 어떤 경험도 채워 줄 수 없는 열망"을 느낀다고 치자. 그 사람은 교회에 나타날 확률이 높다.

왜 하필 교회인가? 다른 곳은 없나? 사람들은 교회에 하나님이 계신다고들 생각한다.

제 5 장 가족 만나기

하나님을 찾고자 교회에 간다면, 아마 그곳에서 그분과의 관계를 시작할 수 있을 것이다. 누군가가 와서 하나님께 마음속에 들어와 달라고 부탁하라고 알려 줄 것이고, 당신은 그 사람의 말을 따를 것이다. 흔히 볼 수 있는 평범한 교회에서 이런 획기적인 사건이 일어날 가능성이 많다. 하늘의 하나님이 보통의 인간과 영원한 관계를 맺기 시작하시는 것이다.

교회에서 예수님과의 관계를 시작하면, 희한하게도 그곳에서 그분의 성품도 닮기 시작할 것이다. 새신자에게 예수님이 어떤 분인지 말해 보라고 하면, "사랑이 많으시다"거나 "자비로우시다" 정도로밖에 대답하지 못할 것이다. 하지만 교회에서 만난 예수님의 가족에 대해 물어 보면, 거침없는 대답이 쏟아져 나올 것이다.

그 사람들은 교회 사람들이 친절하고 새신자를 배려하며, 예수님을 잘 아는 것 같다고 대답한다. 새신자는 사람들이 말하는 내용을 귀기울여 듣고, 그들이 따르는 삶의 방식을 본인도 받아들인다.

대개는, 아주 사소한 행동까지 따라 하는 경우가 많다. 교회 사람들이 검은색 가죽 성경을 들고 다니면, 새신자도 똑같이 생긴 성경을 구입한다. 혹시 그 교회 사람들이 기도 중간 중간

"주님을 찬양합니다"라는 말을 자주 하지 않는가? 그러면 새신자도 따라 한다. 교인들이 모두 술을 마시지 않는다면, 새신자도 술을 끊는다. 교인들이 스웨터에 편안한 바지 차림으로 예배에 참석하면, 새신자도 같은 복장을 하고 온다. 이 새신자에게는 예수님의 가족처럼 사는 것이 곧 예수님을 따르는 것이다. 심지어는, 옷차림까지도 말이다.

다른 가족들과 마찬가지로, 이 가족에게도 좋은 점과 나쁜 점이 섞여 있다. 기본적으로는 예수님의 성품을 따르지만, 바람직하지 못한 다른 모습들이 눈에 띄기도 한다. 그럼에도 불구하고, 새신자는 교인들을 보면서 예수님의 성품이 빚은 사람들을 발견한다. 예수님은 교인들을 통해 새신자는 물론, 수많은 세상 문화에 영향을 미치신다.

문화적인 올가미

한때 나는 이 문화적인 올가미 때문에 고민이 많았다. 세상 모든 종교와 철학을 면밀하게 조사한 다음 예수님을 믿기로 결정한 철학자야말로 이상적인 그리스도인의 모습이라고 생각했다. 그런 사람의 신앙은 신약 성경에서 비롯되어야 하고 그 외

의 것에서는 어떤 영향도 받지 않아야 한다.

그런데 생각이 달라졌다. 그런 철학적인 그리스도인은 찾아보기도 힘들 뿐더러, 설령 그런 사람이 있다 하더라도 하나님과의 관계는 고립되고 불안정하기 짝이 없었다. 그런 사람들에게는 고향이라고 할 만한 곳이 없었다.

이와 대조적으로, 기독교 공동체에서 생활하는 사람들은 대개 신앙이 성장하며, 그 공동체를 떠나지 않는다. 이유는 뻔하다. 당사자를 직접 만나는 것을 제외하고 어떤 사람―이 경우에는, 예수님―을 아는 가장 좋은 방법은 그 사람의 가족과 시간을 보내는 것이기 때문이다. 새신자들은 교회에서 예수님이 사람들에게 어떤 영향을 미치는지를 실감나게 체험할 수 있다. 선교사들이 어디를 가든지 열심히 교회를 세우는 까닭도 다 이 때문이다. 사람들이 교회라는 가족의 삶에서 예수님을 경험하기 전까지는, 예수님은 추상적인 '신'에 불과할지도 모른다.

나도 그 점을 몸소 체험했다. 내가 젊은 시절에 다닌 교회는 하나같이 지극히 평범했다. 이 교회의 문화적 전제들은 예수님과는 아무 관계가 없는 경우가 많았다. 하지만 나는 이 교회에서 기독교 교리가 실제 인간사에서 어떻게 표현되는지를 보여 준 사람들을 만났다. 그것은 추상적이거나 철학적인 교리가 아니라 바로 사람이었다.

고등부 시절 보조 교사 버드 오슬린이 생각난다. 버드는 성경학자도, 신학자도 아니었다. 활달하고 외향적이어서 늘 사람을 즐겁게 만들어 주는 그는 내게 다정하게 말을 걸어 주고 자존감을 심어 주었다. 나는 염려와 자기회의에 빠져 격동의 사춘기를 보내고 있었다. 그런 내게 버드는 하나님이 보내 주신 은혜의 사람이었다. 그를 보면, 예수님이 살아 계신다면 이런 모습이시지 않았을까 하는 생각이 들곤 했다.

보이스카우트나 YMCA 야구부에서도 버드 같은 사람을 만날 수 있지 않았을까 하는 생각도 해 본다. 하지만 교회에서 그런 사람을 만나면, 예수님과 더 깊은 교제를 나눌 수 있다. 성경에서는 예수님 이야기를 읽고, 교회에서는 예수님에 대한 설교를 들으며 예수님을 사랑하고 은혜 충만한 삶을 사는 사람들을 만난다. 이렇게 예수님의 가족과 함께 시간을 보내면서 인간 예수님을 더 많이 알아 가게 된다.

지속적인 가족 생활

포괄적인 의미의 가족 사랑만으로는 부족하다. 결혼해서 정

착하고, 특정 장소에 거주하는 특정한 사람들을 인정해야 한다. 다른 모든 가족 형태와 마찬가지로, 하나님의 가족도 현실적이고 구체적이다.

교회에 다니지 않는 사람이라면, 교회를 한 군데 선택해 출석하면서 거기서 만난 가족들을 알아 가야 한다. 이미 교회에 다니는 사람이라면, 교인들과의 관계에 에너지와 관심을 쏟을 방도를 모색해야 한다.

때로는 그렇게 하기 위해 여러 가지 문제를 해결해야 한다. 실수한 가족을 단 한 번도 용서해 본 적이 없는 사람은 자기 자신과도 온전한 화해를 이룰 수 없다. 마찬가지로, 그리스도인은 상대방의 잘잘못을 따지지 않고 가족을 사랑하고 인정하는 법을 배워야 한다. 당신이 속한 소그룹의 한계를 느끼고 그에 반발하고 싶은 마음은 자연스러운 현상이다. 하지만 그런 한계를 인정하고 초월하여 예수님의 근본 성품을 볼 수 있을 때에야 비로소 진짜 성숙한 사람이 되는 것이다.

그렇게 하기까지는 내면의 갈등과 고통이 클 것이다. 가족 관계를 회복하기 위해 여러 해 동안 상담이나 치료를 받는 사람들이 많다. 마찬가지로, 교회 가족들에게 상처받은 그리스도인들도 많다. 때로는 원만한 교회 생활을 위해 상담가나 영적

멘토의 도움이 필요할 수도 있다.

  사람들은 점차 성숙해 가면서 교회에 뿌리 내린 예수님의 영향과 문화나 환경의 영향을 구별할 수 있게 된다. 나도 처가 식구들과 관계를 맺으면서 각 사람의 독특한 특징을 이해하게 되었다. 하지만 그것은 아내의 특징이 아니라 처가 식구들의 특징이다. 이제는 그 차이를 쉽게 파악할 수 있다. 그와 마찬가지로, 나는 장로교회에서 신앙 생활을 했지만, 예수님과 장로교의 영향을 구분할 수 있다. 회의를 좋아하는 장로교의 특성, 개인주의를 중시하는 개신교의 유산, 큰 교회가 좋다는 미국 교회의 가정假定과 예수님을 구별할 수 있게 되었다.

  무례한 사람들이 교회에서 득세하면, 이런 분별력을 얻기란 하늘의 별 따기다. 성적으로, 정서적으로, 영적으로 학대받은 어린 그리스도인들은 상처를 받을 뿐 아니라, 이런 학대를 예수님과 구별하지 못한다. 이런 학대를 수수방관하면, 어리고 마음 약한 신자들은 평생 예수님을 쳐다보지도 않게 될지 모른다. 작은 자를 실족하게 하여 죄에 빠뜨린 사람들을 예수님이 준엄하게 나무라신 것도 당연하다 마 18:6.

확대 가족

시간이 흐르면서, 알아야 할 가족이 더 많다는 사실을 깨닫기 시작한다. 아내의 가족들은 앨라배마, 미시시피, 테네시 주에 흩어져 있다. 세월이 흘러 조금씩 처가 식구들에 익숙해지면서, 아내의 직계 가족에게서는 볼 수 없었던 다양한 모습도 보게 되었다. 남부 지역에 뿔뿔이 흩어져 있는 아내의 사촌들, 고모·삼촌들을 만나면서 아내의 인생을 더 큰 맥락에서 볼 수 있었다.

확대 가족 덕택에 때로 조금은 다른 시각에서 아내의 가족사를 볼 수 있게 되었다. 예를 들어, 장인어른은 앨라배마 시골에서 어린 시절을 보내셨다. 내가 처음으로 들은 장인어른의 어린 시절은 온통 가난 이야기였다. 맨발로 학교에 걸어 다녔고, 크리스마스에도 작은 선물 하나뿐이었단다. 그러고는 내가 들은 크리스마스 이야기 중에 가장 서글픈 사연을 들려주셨다. 어느 해 크리스마스에 받은 유일한 선물은 팽이였다. 신이 나서 실을 감아 돌렸는데, 그게 그만 벽난로 속으로 쑥 들어가 버렸단다. 납으로 만든 팽이는 끈적끈적하게 녹아 내렸다고 한다.

그런데 장인어른의 사촌 되는 분은 조금 다른 이야기를 들려주셨다.

"헨리는 항상 돈이 많았지."

장인어른은 어린 시절 조부모님 댁과 부모님 댁을 오가며 자랐는데, 조부모님으로 말할 것 같으면 대공황 시절 찢어지게 가난한 농부셨고, 아버지는 우편배달부라는 비교적 안정적인 직업을 갖고 계셨다고 한다. 그러니 장인어른이 어린 시절 가난했다는 말씀은 틀리지는 않지만, 조금 더 복잡한 양상을 띠고 있었다고나 할까. 처가의 확대 가족을 만나면서 그런 사실을 알 수 있었다.

우리는 전 세계에 흩어져 사는 예수님의 확대 가족을 통해 그분을 더 잘 알 수 있다. 다양한 문화와 상황에서 온 사람들은 예수님을 각기 다른 관점에서 이해한다. 예를 들어, 마법이나 귀신 들림이 실제로 나타나는 지역의 사람들은 악을 물리치시는 예수님의 능력을 나보다 더 잘 이해할 것이다. 극빈국에 사는 사람들은 가난한 자들을 향한 예수님의 관심을, 잘 사는 서양 그리스도인들과는 다르게 인식할 것이다. 이처럼 다른 문화의 사람들과 그들의 관점을 더 많이 이해할수록, 더욱 온전하고 충만한 예수님의 모습을 보게 될 것이다. 전 세계에 퍼져 있는 예수님의 확대 가족을 통해 나는 그분과 함께하는 삶의 큰 기쁨을 많이 맛보았다.

제 5 장 가족 만나기

이미 이 세상을 떠난 예수님의 가족들도 잊지 말라. 2000년이 넘도록 예수님은 인류의 친구가 되셨다. 그중에는 자기 생각을 기록한 사람들도 있다. 나는 1600년 전에 세상을 떠난 아우구스티누스의 저작을 보며 예수님에 대해 많이 배웠다.

책을 쓰지 않은 그리스도인들도 교회의 전통에 기록을 남겼다. 나 같은 복음주의 개신교인들은 전통에 별로 관심이 없는 듯하다. 우리는 전통이 예수님을 아는 데 도움이 되기보다는 방해가 된다고 생각하는 경향이 있다. 실제로, 전통이 시야를 가릴 수도 있다. 하지만 예수님을 사랑하고 어떻게든 그분과 관계 맺는 법을 익힌 사람들이 전통을 일으킨 경우가 많았다. 모든 전통이 다 예수님의 모습을 담고 있지는 않지만, 예수님 가족의 모습은 담고 있다. 그래서 전통에서 예수님의 영향을 엿볼 수 있다. 소위 현대적인 교회라 하더라도 그들만의 전통이 있기 마련이다. 당신이 뭔가를 바꾸자고 제안해 본다면 그 점을 알아차릴 수 있을 것이다.

나는 환경적인 영향으로 예수님이 내 지성, 즉 신념과 태도에 특별히 관심이 있으시다고 생각하게 되었다. 이것은 중요한 전통인데, 실제로 예수님도 그분이 창조하신 지성의 작용에 관심이 많으셨기 때문이다. 그러나 내가 속한 교회의 전통은 상대적으로 내 신체와 물리적인 환경의 중요성은 얕보는 경향이 있었다. 그래서 예수님도 그것들에 큰 의미를 부여하시지 않는 다고 생각했다.

그런데 프랑스에서 잠시 살 때 매주 고딕 양식 성당에서 기도를 드리면서 예수님에 대해 색다른 관점을 갖게 되었다. 기도 장소로 더할 나위 없이 아름다운 성당에 조금씩 익숙해졌다. 그러면서 나는 그토록 큰돈과 노동을 들여 성당 건축에 힘쓰는 이유를 어렴풋하게나마 깨닫기 시작했다. 예수님의 가족 중에 물리적인 환경에 신경 쓰는 사람들이 있었기 때문이다. 아마 예수님도 그러셨을지 모른다. 예수님은 예배에 임하는 마음가짐과 태도는 물론이요, 돌과 유리로 지은 예배 장소도 귀히 여기지 않으셨을까 하는 생각이 들기 시작했다. 그 덕에 예수님에 대한 시각이 넓어졌다.

성경이 교회를 "그리스도의 몸"이라고 할 때는 예수님이 성도들과 함께, 그 안에 거하신다는 뜻이다. 이 사람들을 보라. 예수님을 더 확실히 느끼게 될 것이다. 그들 안에서 예수님을 볼 수 있기 때문이다.

가족 식사

한 가지만 더 이야기하자. 내 경험으로 보건대, 식사를 같이 하면 가족을 더 잘 알 수 있다. 매일 마주하는 저녁 식탁이 되었건, 명절 아침 식사나 결혼 피로연처럼 특별한 날이 되었건 간에, 밥을 같이 먹으면서 사람들과 가까워진다. 음식을 나누는 것은 관계에서 핵심 사항이다.

뭔가를 같이 먹거나 마시지 않고 개인적인 관계를 맺은 적이 있었나 싶다. "커피 한 잔 하시죠"라고 말하기 전까지는 제대로 된 관계라고 보기 힘들다. 얼마나 많은 음식을 먹었느냐는 그다지 중요하지 않다. 때로는 토스트 한 장에 샴페인 한 모금이 전부일 때도 있다. 어떤 문화권에서는, 다른 사람의 집을 방문했을 때 물 또는 차 한 잔 마시는 게 고작이다. 어찌됐건, 음식이나 음료를 함께 나눈다는 것이 중요하다.

예수님의 가족을 통해 예수님을 알고 싶다면, 가족들과 함께 식사를 해야 한다. 예수님도 돌아가시기 직전 다락방에서 제자들을 만나 유대교의 유월절 가족 식사를 함께하면서 친히 그렇게 말씀하셨다.

사람들이 그날을 가족 식사 자리라기보다는 성만찬이나 성찬식, 영성체로 기억하는 바람에, 이것은 엄숙하고 진중한 의

식으로 자리 잡았다. 성만찬의 가장 중요하고 분명한 특징, 즉 떡과 포도주가 음식이라는 사실은 수세기 동안 계속된 진지한 종교 의식에 묻혀 사람들의 뇌리에서 잊혀 버렸다. 그러나 예수님은 성만찬을 식사로 기념하셨다. 겨우 맛만 볼 수 있게 조금 먹는다는 사실은 별로 중요하지 않다. 그 한입으로 예수님의 가족 식사에 참여하는 것이다.

　예수님은 제자들에게 음식을 먹으면서 그분을 기념하라고 말씀하셨다. 기억이란 뇌 한구석에 저장해 둔 사실의 창고라고 생각하는 사람들이 있다. 그런 관점에서 보면, 예수님을 기념하는 식사는 그분을 무미건조한 존재로 만들어 버리는 것 같다. 아마도 그래서 성만찬을 자주 하지 않는 교회가 있는지도 모르겠다. 사람들은 살아 계신 예수님을 경배하기 원하지, 그분을 '기념하려고'는 하지 않는다!

　아우구스티누스는 기억에 대한 이런 시각을 보여 주는 정신 실험을 묘사했다. 그는 인생을 현재형으로 정의하려고 시도했다.

　아우구스티누스에 따르면, '하루에 한 번씩' 현재를 살 수 있는 것일까? 아니올시다. 지금을 기준으로 하면 아침은 과거이고 저녁은 미래이기 때문이다. 현재는 아주 짧은 시간이지 않을까? 예를 들자면, 한 1분쯤? 아니다. 분은 초로 나눌 수 있으니, 30초까지는 과거이고, 나머지 30초는 미래다. 현재를 정의하려고 애쓰면 애쓸수록, 현재는 점점 더 좁아진다. 마치 잘 연마한 날카로운 칼날을 기억에 갖다 대고 미래를 쳐서 과거로 만드는 것과 같다. 그처럼 현재는 아주 짧은 찰나이므로, 어떤 것이 현재다라고 하는 것은 의미가 없다. 그것이 단 한 단어라 해도 말이다. 두 번째 음절을 발음하면 첫 번째 음절은 우리 기억에서 이미 과거가 된다. 그러므로 우리가 현재만 알아들을 수 있다면, 무작위로 쏟아지는 소리만 있을 뿐, 아무 단어도 이해하지 못할 것이다.

사람을 만날 때도 마찬가지다. 우리가 현재에만 살고 있다면, 주변 사람들은 영원히 낯선 사람일 수밖에 없다. 그 사람들이 하는 말도 알아듣지 못하고, 얼굴도 기억하지 못한다. 기억이 없으면, '개인'이나 '개성'이란 것은 존재할 수 없다. 하나같이 무뚝뚝한 표정으로 소음만 내는 사람들뿐이다.

그러므로 예수님의 죽음과 부활을 기념하며 그분의 다른 자녀들과 함께 먹고 마실 때, 우리는 예수님을 살아 계신 분으로 경험하기 위해 반드시 해야 할 일을 하는 셈이다. 제자들이 예수님과 함께한 마지막 식사, 그분을 십자가로 내몬 그 사건을 잊었을 것 같은가? 우리도 그 사건을 잊어서는 안 된다. 우리도 그 마지막 식사에 초대받아 함께 예수님을 기념한다. 예수님의 가족에게 공유하는 기억이 없다면, 그분은 밝은 빛과 낯선 얼굴에 불과할 것이다. 말할 수 없는 능력 가운데 우리 앞에 실제로 나타나신다 하더라도 말이다. 기억이 있기에 예수님의 임재가 우리에게 인격으로 다가오는 것이다.

예수님이 우리를 이 식사 자리에 초대하셨다. 그분이 주인장이다. 그분을 직접 뵐 수는 없지만, 예수님의 가족들은 볼 수 있다. 예수님이 빚으신 그 가족들의 삶에서 육신을 입으신 그분의 성품이 드러난다. 그 가족들이 공유하는 기억으로 온전한 예수님의 모습을 그려 볼 수 있다. 우리는 예수님의 가족들과 먹고 마시면서 그분과의 관계를 더욱 돈독히 하게 된다.

6장

고통을 함께하기

　우리 부모님은 두 분 다 작년에 돌아가셨다. 어머니가 갑작스런 병환으로 10월에 돌아가셨고, 4개월 후에는 10년 넘게 지병인 알츠하이머병으로 고생하신 아버지가 그 뒤를 이으셨다. 두 분 모두 편안하게 돌아가셨다. 부모님은 모범적인 삶을 사셨고, 자녀들에게 존경받으며 이 세상을 떠나셨다.
　하지만 '호상'이라고 해서 괴롭지 않은 것은 아니다. 부모님의 마지막 가는 길을 지켜보면서 얼마나 힘들었는지 모른다. 하지만 한 가지 좋은 결과도 있었다. 형제자매들과 함께 부모님의 죽음을 지켜보면서 심정적으로 더 가까워진 느낌이 들었기 때문이다. 우리는 부모님을 돌봐 드리느라 많은 시간을 함께 보냈다.

이제 이 가족들과 함께 있으면 마치 피부가 없어서 가벼운 접촉에도 민감한, 자연 그대로의 모습이 된 느낌이다. 이전에는 미처 느껴 보지 못한 강력한 유대감이다. 우리 관계가 완전히 달라진 것 같다.

고통은 그런 효과가 있다. 고통을 함께 나눈 사람일수록 가까운 사이가 되기 쉽다.

심각한 고민을 친구에게 털어놓은 다음 그 친구와 더 친해진 느낌을 받은 적이 다들 있지 않은가. 회복 환자 모임에서 그런 경우를 많이 본다. 처음에는 다들 서로 서먹해하고 공통점도 별로 없는 것 같다. 하지만 치료 과정의 두려움과 고통을 털어놓으면서 아주 특별한 관계로 발전하는 경우가 많다.

우리는 무엇을 찾고 있는가?

하나님이 고통을 허락하시는 이유는 잘 모르겠지만, 이 세상에 고통이 존재한다는 사실만큼은 확실하다. 고통을 없애려고 대책을 강구하는 사회에서도, 사람들은 끊임없이 고통을 받을

것이다. 그런데 그 고통 때문에 다른 사람들과 더 끈끈한 관계를 맺게 되는 경우가 분명히 있는 것 같다.

고통은 야망, 자만심, 돈 욕심 등 인생에서 부차적인 것들을 모두 앗아간다. 고통에 시달리면 아무리 훌륭한 계획도 소용이 없다. 지금 이 순간 당신이 맞닥뜨린 현실이 중요할 뿐이다.

당신이 모든 것을 통제할 수 있다는 확신이 흔들린다. 할 수만 있다면 이 고통을 없애고 싶지만, 불가능하다. 당신은 하나님이 아니기 때문이다. 당신 마음대로 인생을 좌지우지하지 못한다.

그래서 공허한 마음을 달래려고 다른 사람들을 찾아간다. 때로는 아무 말도 할 필요가 없다. 당신 얼굴에 괴로운 사연이 다 드러나기 때문이다. 대개는 당신이 어떤 고통을 겪고 있는지 말로 설명한다. 그럴 때 누군가 당신에게 귀기울여 주고 당신을 받아준다면, 그 얼마나 귀한 선물인가. 당신은 '드디어 내 이야기를 들어 줄 임자를 만났구나' 하고 생각할 것이다.

고통에 맞닥뜨린 사람은 자의식, 경쟁심, 경솔함, 자만심이 사라져서 다른 사람들을 가까이 할 수 있다. 이와 같은 영혼의 장벽이 낮아지면, 깊이 있는 관계가 가능하다.

고난당하신 예수님

하지만 지금 우리는 친구 사귀는 법이 아니라, 하나님 이야기를 하는 중이다. 고난을 통해 하나님과 인격적인 관계를 맺을 수 있을까?

역사에 존재한 그 어떤 사람도, 당신이 만난 그 누구도, 예수님보다 더 고난받은 사람은 없을 것이다. 고난을 빼고는 예수님을 논할 수 없다. 그분의 일대기를 다룬 복음서는 예수님의 고난과 죽음을 상세히 다룬다. 오늘날 예수님의 인생을 상징하는 표상이 로마의 고문 도구인 십자가일 정도다.

예수님은 말할 수 없는 육체의 고통을 당하셨다. 십자가 처형으로 말하자면, 손과 발을 갈고리로 걸어 죽을 때까지 뙤약볕에 걸어 두는 것이다. 조금만 움직여도, 심지어 숨을 쉬기만 해도, 상처에서 피가 난다. 중력 때문에 온 몸의 무게가 사지에 난 못 구멍 상처에 실린다. 로마인들은 반역을 꾀하는 무리에게 경고를 주기 위해 십자가형을 실시했다. 끔찍하기 이를 데 없는 사형 제도였다.

예수님은 고통받을 이유가 전혀 없으셨다. 그분은 죄가 없는 분이었다. 아무에게도 해를 입히지 않았는데, 가장 가까운 친구에게서 배신을 당하셨다. 예수님의 동족이 대적에게 그분을 넘겼다. 제자들이 줄행랑을 치는 바람에, 재판정에서 유리한 증언을 해줄 사람이 하나도 없었다. 그분의 처형은 하나같이 거짓말과 왜곡된 사실에서 비롯된 결과였다. 예수님은 결국 혼자 남았다.

예수님은 만인이 보는 앞에서 고통을 당하셨다. 가정집 욕실이나 커튼으로 가린 병원 입원실이 아니라 큰길가에서 사람들의 조롱과 눈총 속에 고난을 받으셨다. 옆자리 죄수는 예수님을 무뢰한으로 오해하여 욕설을 퍼부었다. 예수님은 세상을 변화시키고, 자기 백성을 인도하여 온 세상이 하나님 앞에 나아오게 하기 위해 이 땅에 오셨다. 하지만 죽음을 앞둔 예수님은 대중 앞에 수치를 당하며 완전히 실패하신 듯했다. 사람이 고통당하는 방법에는 여러 가지가 있지만, 예수님은 그 모든—육체적·영적·정서적—고통을 한꺼번에 다 당하셨다.

그러니 예수님이 아니면 또 누가 당신의 고통을 이해해 주겠는가? 병원 복도에서, 약물 중독 치료소에서, 영안실에서, 모든 사람이 당신을 외면하는 가족 모임에서, 해고 통보를 받은 회의에서—최악의 고통스런 사건이 벌어진 곳에서—예수님은 당신과 대화하려고 기다리고 계신다. 그분은 다 아신다.

고통당하신 예수님을 알지 못한다면, 예수님을 제대로 아는 것이 아니다. 그분의 고통 속에서, 우리는 그분을 가장 친밀하게 알 수 있는 절호의 기회를 만난다.

아무도 원치 않는 일

고통을 바라는 사람은 아무도 없다. 건강한 사람이라면, 온몸으로 고통에 맞서 싸우려 할 것이다. 어떻게든 고통을 멈추고 싶어, 하나님께 분풀이를 할지도 모른다.

"왜 하필이면 접니까? 도대체 제게 무슨 일을 하시는 거죠?"

성경에도 이 질문이 자주 등장한다. 성경의 찬송가라고 하는 시편은 쓰디쓴 불평을 토로한다. 시편 기자는 "하나님, 어디에 계십니까?" 하고 울부짖는다. "어찌하여 저를 버리셨나이까?" 이 시편들을 보면 고난은 하나님과의 좋은 관계에는 별 도움이 되지 않는 것 같다.

욥은 고통으로 분노하는 모습을 극명하게 보여 준 예다. 그는 본인이 고통받는 이유를 찾으며 하나님께 대답을 요구했다. 구약 성경이 그의 이야기를 풀어 나가는 동안, 그는 궁극적인 불공평에 맞닥뜨린다. 욥은 악해서가 아니라 선하기 때문에 끔찍한 고통을 당했다. 욥은 그 이유를 설명해 달라며 하늘에 호

소했다. 그는 어깨 한 번 으쓱하며 쉽게 포기하지 않았다. 그는 계속해서 하나님께 대답을 요구했으며, 결국 그 답을 얻는 장면이 욥기 끝부분에 나온다. 하나님은 욥의 질문에 더 많은 질문으로 대답하셨다. 야웨는 큰 소리로 물으셨다.

"내가 땅의 기초를 놓을 때에 네가 어디 있었느냐? 네가 깨달아 알았거든 말할지니라. 누가 그것의 도량법을 정하였는지, 누가 그 줄을 그것의 위에 띄웠는지 네가 아느냐!" 욥 38:4-5

하나님은 장중한 시풍으로 욥에게 한 가지 교훈을 주셨다. 창세기의 처음 세 장을 진지하게 생각해 보라. "내가 천지를 지었다는 사실을 이해하느냐?"

이 말씀은 로마서 9장에 나오는 바울의 말과 비슷하다. "토기가 토기장이에게 어찌 방법 탓을 하겠느냐?"

창조 질서를 이해하는 것, 피조물의 입장에서 창조주를 이해한다는 것은 거의 불가능한 일이다. 성경은 말하기를, 토기처럼 우리가 만든 물건을 생각해 보면, 우리가 하나님께 하는 질문이 얼마나 어리석은지 조금이나마 이해하게 된다고 한다. 인간이 하찮은 존재라서가 아니라 하나님이 너무 높으신 분이셔서 문제다. 우리가 토기보다 고차원인 것처럼 그분은 그렇게 인간을 초월하시는 분이다. 창조주가 피조물이 제기한 질문과

동급일 수는 없는 노릇이다.

그러나 욥에게 주신 하나님의 답변에는 두 가지 측면이 있다. 하나님은 욥에게 입을 다물라고 말씀하셨지만, 욥의 주장에 보상을 주셨다. 그에게 개인적으로 답을 주심으로써. 하나님은 욥의 눈앞에 직접 나타나실 정도로 그를 생각하셨다. 하나님은 욥이 원하는 방식으로 그의 질문에 답해 주지는 않으셨지만 또는 답해 주실 수는 없으셨지만, 욥을 아끼시기에 그에게 나타나셨다. 욥은 고통받는 신자들이 간절히 바라는 하나님의 임재를 체험했다. 그는 그것으로 만족했다.

함께 고통받는 사람들

구약 성경에서 신약 성경으로 눈을 돌리면, 아주 다른 환경이 펼쳐진다. 신약 성경 저자들은 욥이나 시편 기자나 선지자들과 같은 질문을 던지지 않는다. 예수님의 얼굴에서 하나님을 보았기 때문에 완전히 상황이 달라졌다. 그들은 몸소 고통당하신 하나님을 목격했다.

그래서 욥과 같은 질문을 던지기보다는 하나님의 대답을 간직했다. 포기하지 않으면, 고통 가운데 하나님을 만날 수 있다

고 말이다.

"그러므로 형제들아, 주께서 강림하시기까지 길이 참으라. 보라, 농부가 땅에서 나는 귀한 열매를 바라고 길이 참아 이른 비와 늦은 비를 기다리나니 너희도 길이 참고 마음을 굳건하게 하라. 주의 강림이 가까우니라" 약 5:7-8.

욥과는 달리, 초대교회 그리스도인들은 고통을 당연하게 받아들였다. 그들은 공식적으로나 비공식적으로나 늘 괴롭힘과 체포, 투옥, 고문, 처형에 시달렸다. 그러면서도 고난을 기쁨이요 특권이라고 고백했는데, 예수님과 함께 고통받는다고 생각했기 때문이다. 그들은 고통 가운데, 예수님과 깊은 인격적 차원에서 교제하게 되었다. "그의 죽으심을 본받기" 위해 빌 3:10 어떻게 해서든지 예수님처럼 되고자 했다.

도대체 암은 왜?

이렇게 질문하는 사람이 있을지도 모르겠다.

"그게 저랑 무슨 상관이 있죠? 고난을 긍정적으로 바라본 신약 성경 인물들은 본인의 믿음 때문에 박해를 받았습니다. 하지만 제가 왜 이런 고통을 받아야 하는지 모르겠네요. 제게는 아무 이유가 없어요."

안 믿는 이웃과 똑같은 이유로 고난받고 있다면, "주님을 위해 고난받고 있습니다"라고 말하기는 어렵다. 암이나 이혼, 자녀들의 약물 복용 등이 딱히 거룩한 그리스도인에게만 일어나는 문제는 아니기 때문이다.

하지만 당신이 고통받을 때 예수님을 위해 크고 거룩한 일을 하고 있다는 것이 핵심은 아니다. 고통 중에 예수님과 가까워지고, 그분을 더 잘 알게 된다는 것이 중요하다.

베드로의 첫 번째 서신은 '예수님을 따르다가' 무자비한 주인들에게 고난받는 종들을 언급한다. 그들은 딱히 신앙 때문에 매를 맞지는 않았다. 종들은 아무 이유 없이 매를 맞았다. 베드로는 종들에게 말한다.

"부당하게 고난을 받아도 하나님을 생각함으로 슬픔을 참으면 이는 아름다우나…이를 위하여 너희가 부르심을 받았으니 그리스도도 너희를 위하여 고난을 받으사 너희에게 본을 끼쳐 그 자취를 따라오게 하려 하셨느니라" 벧전 2:19, 21, 저자 강조.

고난받는 하나님을 생각할 때 그들이 받는 고난이 가치 있게 된다. 아무 이유 없이 매를 맞을 때 하나님을 생각할 수 있다. 아무 이유 없이 온 몸에 암이 퍼질 때 하나님을 생각할 수 있다.

제 6 장 고 통 을 함 께 하 다

정년을 한참 남기고 직장을 잃었을 때 하나님을 생각할 수 있다. 사랑하는 사람에게 배신을 당할 때 하나님을 생각할 수 있다. 어떤 고난을 당하든, 예수님이 당신보다 먼저 고난당하셨다는 사실을 잊지 말라. 예수님이 이해해 주실 거라는 확신을 가지고 그분께 말씀드리라. 심하게 불평을 늘어 놓아도 괜찮다. 예수님도 그러셨으니까. "내 하나님이여, 내 하나님이여, 어찌 나를 버리셨나이까?" 시 22:1

완벽한 정직

사실 고통을 통해 예수님께 가까이 나아가 그분과의 인격적인 관계를 돈독히 하려면, 100% 솔직하게 말씀드려야 한다. 솔직하면 솔직할수록, 그분과 교제할 수 있는 기회가 많아진다.

시편으로 기도하는 것이 그중 한 가지 방법이다. 시편은 기쁨과 고통을 아우르는 아름다운 표현들로 가득하다. 너무 화가 나서 기도가 잘 안 된다면, 시편 내용으로 기도하라. 십자가에서 고통당하신 예수님도 시편 말씀을 인용하셨다.

사람들은 흔히 완벽하고 전능하신 하늘에 계신 하나님, 아무런 문제가 없는 하나님의 이미지에서 출발한다. 그러다가 배신

당하고 고난받아 죽음을 맞이하는 예수님의 얼굴에서 하나님의 진면목을 만난다. 우리는 그런 하나님과 대화할 수 있다.

교회마다 유심히 살펴보면, 당신이 누구와 관계를 맺고 있는지 금방 알 수 있는 물건이 있다. 교회에는 십자가가 걸려 있다. 십자가가 예수님께 어떤 의미인지 생각해 보라. 사순절 기간에는 많은 교회들이, 예수님이 죽음으로 향하는 길에서 당하신 일들을 집중 조명한다. 예수님은 견디기 힘든 고난을 당하셨다. 이제 예수님은 그 고난을 당신과 함께 나누신다.

고통을 함께하지 않는 관계는 피상적일 수밖에 없다. 우리는 예수님과 함께 수많은 고난을 겪는다. 성경은 그분의 고난을 매우 강조한다. 성경 저자들은 고통을 통해 하나님과 인격적인 관계를 맺는 것이 가능하다는 사실을 믿었기 때문이다. 그들은 우리가 관계를 맺을 수 있는 유일한 하나님이신 예수님의 고통을 이해했다.

7장

함께 일하기

"무슨 일 하세요?"

대화를 시작하면 가장 먼저 던지는 질문은 이것 아닐까. 통성명을 한 뒤에 간편하게 꺼낼 수 있는 주제이기 때문이다.

"본인의 장단점이 뭐라고 생각하세요?"

"인생에서 가장 중요하게 생각하시는 게 뭔가요?"

이런 질문을 꺼내기는 좀 부담스럽다. 그래서 대신에 "직업이 뭐예요?"라고 묻는다. 이것은 누구나 답할 수 있는 질문이고, 그 대답도 대개 사실을 전달하는 것이기 때문이다.

"학생입니다."

"소프트웨어 프로그래머예요."

"배관공입니다."

한 사람의 인생에서 중요한 부분을 설명하기 때문에, 직업은 상대방을 아는 데 유용한 수단이다. "고향이 어디세요?", "학교는 어디서 다니셨나요?", "제일 좋아하는 영화가 뭐죠?"처럼 다른 질문을 던질 수도 있지만, 아무래도 "무슨 일 하세요?"가 가장 무난하다.

직업은 한 사람에게 아주 중요한 부분이다. 교사는 치과의사나 용접공과는 다를 수밖에 없다. 자기 직업을 부끄러워하거나 싫어한다면, 그것이 시사하는 바는 크다.

자기 직업을 좋아하는 사람도 모든 게 다 만족스럽지는 않을 것이다. 나 같은 경우에는, 편집자들 때문에 괴로울 때가 있다. 물론 편집자들의 객관적인 판단이 필요하다. 그동안 수없이 비평을 들었음에도 불구하고, 막상 또 당하면 마음이 아프다. 충치 치료를 하러 치과에 가는 기분이다. 환자용 의자에 누워 무시무시한 드릴이 잇속을 뚫고 들어가는 소리를 기다리는 기분이랄까. 작가라면 다들 하루에도 수십 번씩 그만두고 싶은 심정일 것이다. 그래도 나는 내 직업이 아주 맘에 든다.

내가 작가라는 사실을 알아야 나를 제대로 알 수 있다. 나를

제 7 장 함께 일하기

속속들이 알고자 하는 사람은 내가 일하면서 느끼는 기쁨과 고통을 꿰뚫어볼 수 있어야 한다. 집에서 아이를 키우는 전업주부의 심정, 건축업자나 간호사의 심정도 마찬가지다. 직업은 정체성과 떼려야 뗄 수 없는 관계다.

물론 그중에는 직업 이외의 활동에서 의미를 찾는 이들도 있다. 여러 해 동안 나는 어린이 야구단의 감독직을 맡았는데, 그곳에서 내가 가르친 사람들 중에 그런 사람들이 있었다. 그 사람들은 본인의 진짜 소명—어린아이들에게 신기하고 복잡한 야구를 가르치는 일—을 따르기 위해 낮 동안의 직장 생활을 묵묵히 견뎠다. 그런 경우에는, 그 사람을 제대로 알려면 어린이 야구단에 대해 잘 알아야 한다. 비슷하게, 모형 기차나 체스, 퀼트에 대한 배경 지식을 익혀야 제대로 알 수 있는 사람도 있을 것이다. 그런가 하면 노숙자를 위한 배식 봉사, 성경 공부 인도, 정치 운동 등에서 자기 정체성을 발견하는 사람들도 있다. 그런 사람들과 깊이 있는 인격적 관계를 맺고 싶다면, 그 사람들이 열정을 품은 대상을 잘 알아야 할 것이다. 그게 반드시 직업이란 법은 없지만, 어쨌거나 "무슨 일 하세요?"라는 질문에 대한 진짜 답일 테니 말이다.

직업에 대한 기도

직업은 건강과 가족에 이어 세 번째로 기도 요청이 많은 문제다. 사람들은 직업을 달라고, 사업이 잘 되게 해 달라고, 어떤 직업을 선택해야 할지 지혜를 달라고, 직장 상사나 동료들과 좋은 관계를 유지하게 해 달라고 하나님께 간구한다. 사람들은 하나님과 진정한 관계를 맺고 싶어서_{물론, 하나님이 도와주시기를 바라는 심정도 포함해서} 직장에서의 아주 사소한 고민거리까지도 하나님께 아뢴다. 직업은 한 사람의 정체성을 형성하는 아주 중요한 부분이기에, 하나님께 이 문제를 말씀드리는 것이다.

하지만 그 반대의 경우는 아주 드물어서, 우리가 하나님의 일에 대해 묻는 경우는 거의 없다.

"안녕하세요, 하나님, 무슨 일을 하시나요?"

이 얼마나 훌륭한 질문인가. 아마 하나님은 이 질문을 간절히 기다리고 계시는지도 모른다. 성경은 많은 지면을 할애하여 과거에 하나님이 하신 일과 지금 하고 계신 일, 앞으로 하시려는 일을 이야기해 준다. 성경을 하나님의 이력서라고 해도 틀린 말은 아닐 것이다.

성경 맨 앞부분에서는 하나님을 일하는 분으로 소개한다.

"태초에 하나님이 천지를 창조하시니라."

본문은 계속해서 하나님이 세상 만물을 어떻게 만드셨는지를 기분 좋게 이야기해 준다. 창세기에 나타난 창조 과정을 두고—예를 들면, 창조하는 데 시간이 얼마나 걸렸는지 등—여러 가지 논란이 분분하다. 하지만 창세기가 하나님의 창조적인 행위, 즉 그분의 일을 묘사했다는 점에는 논란의 여지가 없었다.

하나님이 하신 일을 알면, 하나님도 더 많이 알 수 있다. 어느 봄날 친구와 함께 공원을 거닐고 있었는데, 그 친구는 공원 중앙에 있던 자그마한 분수와 분수 주변에 있는 막 꽃망울을 터뜨린 큰 나무들을 비교하면서 이야기했다.

"인간은 컵으로 물건의 양을 재지."

친구가 분수를 가리키며 말했다.

"하지만 하나님은 아름다움을 아낌없이 쏟아내셔."

이번에는 분수 주변의 나무들을 가리키며 말했다. 나는 난생 처음으로 자연을 하나님이 지으신 물건이요, 그분의 성품을 드러내는 표지로 깨닫고는 놀라움을 금치 못했다.

의심 많은 사람들은 짝을 잡아먹는 거미나, 숙주를 죽음으로 몰고 가는 기생충 등 자연의 다른 예를 들지도 모른다. 하지만 그런 경우에도, 창의력이 넘치는 하나님의 세상은 그분의 창조성을 증명해 준다. 그분 작품이 다 밝고 기분 좋은 것들은 아니지만, 하나같이 생명력과 재기가 넘치는 것임은 틀림없다.

그렇다면 과학은 하나님의 직업 세계를 탐구하는 일이다. 하나님은 이 놀라운 자연에 그분의 생각을 심어 놓으셨다. 새가 나는 것이 우연의 일치라고 생각하는가?

자연계에 드러난 하나님의 일하심은 놀라울 뿐 아니라 아름답다. 나는 가끔씩 이런 상상을 즐긴다. 지금까지 아무도 나무를 본 사람이 없다고 하자. 그러던 어느 날, 먼 곳을 여행하던 탐험가가 나무를 한 그루 발견해서 뉴욕으로 실어왔다. 탐험가는 그 나무를 현대 미술관에 전시했다. 전국에서 몰려온 예술가들이 나무를 바라보며 입을 다물지 못했다. 이 나무와 비교하니 다른 예술품들은 초라하기 그지없었다. 이토록 신비한 짜임새와 색상이라니, 얼마나 아름답고 또 복잡하면서도 단순한 작품인가! 미풍도 놓치지 않는 나무의 움직임을 보라! 이 작품을 만든 사람이 누군지 궁금해지지 않겠는가? 이 나무가 작품을 만든 예술가의 성격을 파악하는 데 도움이 되지 않겠는가?

그러나 이런 나무조차도 하나님이 만드신 최고의 작품과는 상당히 거리가 있다. 하나님의 천재성은 인류, 즉 당신과 나의 모습에서 찾아볼 수 있다. 우리는 얼마나 아름답고 복잡한 작품인가. 인간이라는 동물은 자기 유전자군을 해독해 내고, 영화를 만들 뿐 아니라, 날개 없이 하늘을 날고, 아가미 없이 바다 속을 헤엄치는 법을 발명했다. 인간은 훌륭한 소설 작품을 쓰고, 보는 사람이 쏙 빠져드는 아름다운 그림을 그린다. 복잡한 계산을 손쉽게 해결해 주는 컴퓨터를 개발한 다음, 그 도구를 이용해 게임을 즐긴다. 인간의 감정과 사고와 발명품의 범위는, 글쎄, 신의 경지에 이르렀다고나 할까. 어쨌거나 하나님은 인간을 만드셨고 우리는 매일 그분을 보며 감탄해야 한다. 이토록 복잡한 인간이 하나님의 놀라운 창조성을 드러낸다는 사실을 깨달아야 한다.

피와 땀을 흘리신 하나님

하나님도 일하시다 고통을 겪으신다.

지인 중에 사업에 크게 성공한 분이 있다. 그러나 은퇴할 때가 다 되었을 때 아들에게 배신을 당해 회사 운영권을 빼앗기고 쫓겨났을 뿐 아니라 회사가 완전히 망해 버렸다.

하나님의 사업도 크게 다르지 않다. 하나님이 만드신 최고의 작품인 인간은 하나님을 배신하고, 다른 인간을 배신하고, 하나님이 만드신 다른 아름다운 작품을 모두 배신했다. 하나님의 자녀들은 그분 얼굴에 침을 뱉고, 같은 인간끼리 대량 학살을 마다하지 않으며, 환경을 오염시킨다. 아무 생각이나 양심의 가책 없이, 지구의 생물을 죽이고 있다.

그러나 하나님은 개의치 않으신다. 인간의 극악무도한 파괴 행위가 절정에 이르렀을 때 지속적인 하나님의 사역도 절정을 맞이한다. 성경은 하나님이 아브라함을 택하여 유목민 가문을 구원하신 이야기, 애굽의 노예 시절과 출애굽을 통해 그 가문을 연단하신 이야기, 세계의 중심에 그들을 모아 작은 나라를 세우시고 열강으로부터 보호하신 이야기를 들려준다. 또 그들에게 몸소 하나님 사랑과 이웃 사랑을 가르치신 이야기, 당근과 채찍으로 그들을 훈련하신 이야기, 아들을 보내 그 민족을 다시 모으신 이야기, 그 아들이 배신을 당하고 죽음을 맞이한 이야기, 또한 그 배신과 죽음의 이야기가 생명과 부활의 기적으로 변하여 하나님의 택한 백성뿐 아니라 온 세상에 소망을 주는, 극적인 반전 이야기도 성경에 들어 있다.

하나님은 이 위대한 작품의 극작가이자 주연 배우이시다. 이 연극 전체에 그분의 피와 땀이 서려 있다. 이 작품은 끔찍한 인생의 아이러니를 잘 그려 낸 수작으로, 고통과 비애가 절절하게 느껴진다. 사실, 이 작품은 바로 **삶이다**. 그분은 이 작품에 목숨을 거셨다. 이 작품을 위해 기꺼이 죽으셨다. 세상에 이런 걸작이 또 있을까!

하나님이 하신 일을 더 많이 알수록, 그분이 하신 일을 더 많이 말씀드리고, 그 때문에 더 많이 존경하며, 결국 그분을 더 잘 알게 될 것이다. 그러면 그분은 더 이상 텔레비전이나 사진 속에 등장하는 평면 '하나님'이 아니라, 완벽한 형상을 갖춘 입체적인 모습으로 나타날 것이다. 하나님이 하신 일에 감사하는 것은 그분과 깊이 있는 인격적 관계를 키우는 데 중요한 부분이다.

하나님의 일에 동참하기

1940년대 초에 MIT 대학을 졸업한 사람이 학창 시절의 이야기를 들려준 적이 있다. 졸업을 앞둔 4학년 때, 어느 직장에서 취업 설명회를 한다면서 예비 졸업생을 모두 소집한 적이 있었다고 한다. 이미 다른 회사에 취직한 학생들이 대부분이어서 이들은 설명을 듣는 둥 마는 둥했다. 그런데 설명회 마지막 즈음에 나온 말에 학생들은 솔깃했다. 회사 관계자가 이렇게 말한 것이다.

"제가 지금까지 말씀드린 기회에 관심들을 가지셨으면 좋겠습니다. 여기 모인 학생 중에 한 사람도 빠짐없이 저희 회사에 취업을 보장해 드릴 수 있으니까요."

그가 소개한 일급 기밀 프로젝트인 맨해튼 프로젝트는, MIT 4학년생 전체를 징병해야 할 만큼 어마어마한 규모였다.

맨해튼 프로젝트를 위해 일하는 사람들 중에는 프로젝트의 내용을 잘 모르는 사람도 많았다. 자기가 맡은 부서의 업무 정도만 파악하고 있는 사람이 대부분이었다. 보안을 어찌나 철두철미하게 하는지, 본인이 하는 일을 배우자에게도 비밀로 했다. 내게 이 이야기를 들려준 사람 말이, 자기 아내도 전쟁 내내 남편이 하는 일을 몰랐다고 한다. 그러던 어느 날, 집을 나서기 전에 아내에게 이렇게 말해 주었다고 한다.

"오늘 라디오를 잘 들어요. 그러면 그동안 내가 무슨 일을 했는지 다 알게 될 거요."

그날은 바로 히로시마에 원자폭탄이 투하된 날이었다.

그날에야 비로소 아내는 남편이 하는 일이 무엇인지, 인류가 무슨 일을 하고 있는지 똑똑히 보게 되었다. 똑똑하고 잘난 두뇌들을 모아 이토록 무시무시한 일을 저지를 수도 있다는 소름 끼치는 깨달음을 얻은 것이다.

제 7 장 함께 일하기

맨해튼 프로젝트는 철저한 비밀 프로젝트였는데, 어느 날 갑자기 모든 게 밝혀졌다. 히로시마의 날에 맨해튼 프로젝트의 정체가 밝혀졌듯이, 하나님의 일도 갑자기 드러났다. 하지만 하나님이 준비하신 일은 맨해튼 프로젝트와는 정반대로 좋은 소식이었다. 신약 성경은 하나님이 하신 일을 기록하면서 다음과 같은 단서를 붙인다.

"이 구원에 대하여는 너희에게 임할 은혜를 예언하던 선지자들이 연구하고 부지런히 살펴서 자기 속에 계신 그리스도의 영이 그 받으실 고난과 후에 받으실 영광을 미리 증언하여 누구를 또는 어떠한 때를 지시하시는지 상고하니라.…천사들도 살펴보기를 원하는 것이니라" 벧전 1:10-12.

하나님은 사랑과 평화와 생명을 주시는 분이다. 예수님의 죽음과 부활에서 하나님의 일하심이 드러난다.

사도 바울은 하나님의 일이 만천하에 드러나자 입을 다물지 못하고 감탄할 수밖에 없었던 수많은 사람 중 하나였다.

"너희를 위하여 내게 주신 하나님의 그 은혜의 경륜을 너희가 들었을 터이라. 곧 계시로 내게 비밀을 알게 하신 것은 내가 먼저 간단히 기록함과 같으니…그리스도의 비밀을…이제…나타내신 것같이 다른 세대에서는 사람의 아들들에게 알리지 아니하셨으니 이는 이방인들이 복음으로 말미암아 그리스도 예수 안에서 함께 상속자가 되고 함께 지체가 되고 함께 약속에 참여하는 자가 됨이라"엡 3:2-6.

이 본문을 읽는 사람이라면 누구나 다 바울이 얼마나 흥분했는지 알 수 있을 것이다. 수세기 동안 안개처럼 희미했던 하나님의 계획이 만천하에 드러나 민족과 인종 간의 분열과 반목을 깨끗이 청산했다. 난생 처음 바울은 하나님이 하신 일을 목도할 수 있었다. 그분이 하신 일을 이해하고 거기 동참함으로써, 바울은 하나님을 알게 되었다.

동참했다고? 그렇다. 바울은 가만히 앉아 하나님의 계획에 감탄하기만 하는 상아탑 속 신학자가 아니었다. 그는 하나님 곁에서 함께 수고하며 이 세상을 변화시키는 그분의 사역에 본인도 초대받았다는 사실을 잘 알고 있었다.

함께 일하기

필립 얀시 Philip Yancey는 오랫동안 가까이서 나와 함께 일한 동료 작가이자 편집자다. 우리 두 사람은 기질상으로는 완전히 다르지만, 오랫동안 함께 일했기 때문에 상대방을 누구보다도 잘 안다.

울타리를 치려고 땅에 구멍을 파건 회사 인수를 준비하건 간에, 동료는 활발한 팀워크를 통해 서로를 속속들이—심지어는 형제자매보다 더—알 수 있는 가능성이 열린다. 함께 일하면서 우리는 상대방의 사고방식을 이해하고, 상대방의 행동을 예측하는 법을 배운다. 나는 필립과 함께 업무를 상의하다 보면, 우리 두 사람만의 약어를 사용하는 기분이다. 상대방이 말을 꺼내기도 전에 무슨 말을 할지 꿰뚫고 있는 경우가 흔하기 때문이다.

하나님은 우리를 함께 일하는 관계로 부르신다. 처음부터 우리에게 일을 맡기신다. 하나님은 신학 토론이나 하자고 모세에게 자신을 소개하신 것이 아니다. 하나님은 모세를 채용하여 바로에게서 이스라엘 백성을 구해 광야로 이끌게 하셨다. 겁나고 쉽지 않은 일이었다. 그 일을 위해 하나님은 먼저 모세와 개인적 관계, 즉 파트너십을 형성하셨다.

예수님도 함께 캠핑을 가기 위해 제자들을 부르신 것이 아니었다. 예수님은 운동을 일으키셨다. 그분의 목적을 성취할 리더들을 모아 훈련하셨다. 그들은 함께 팀을 이루어, 예수님이 떠나신 이후에도 계속해서 일을 진행했다. 예수님은 성령님을 보내 그들을 돕고 계속해서 함께 일하겠다고 약속하셨다.

이 약속은 당신에게도 해당된다. 예수님은 당신에게 개인적인 관계를 제안하시면서 함께 일하자고 하신다. 그렇다고 당신에게 뭔가 대단한 일을 기대하시지는 않는다. 어렵고 힘든 일은 예수님이 이미 처리하셨다. 우리는 그분이 이끄시는 대로, 보조를 맞추어 따라가기만 하면 된다. 예수님이 과거부터 지금까지 하고 계시는 사역에 우리도 관심을 가져야 한다는 뜻이다. 그런 의미에서, 당신은 하나님과 동역함으로써 그분과의 인격적 관계를 한층 더 깊게 할 수 있다. 하나님은 세상 첫날부터 끝날까지 성령님을 통해 우리와 함께 일하겠다고 약속하신다.

이 일은 단지 당신과 예수님 둘이서 힘을 합쳐 세상에 대항하는 것이 아니다. 예수님은 열두 제자를 모집하여 팀으로 일하게 하셨다. 특별한 사명을 주어 그들을 보내실 때는 최소한 둘씩 짝을 지어 보내셨다. 열두 제자가 그 운동의 시초였고, 그 운동이 지속되어 오늘날의 교회가 탄생한 것이다. 수많은 개인이 한 가지 목적을 위해 힘을 모은다. 뛰어난 개인은 의미가 없다. 예수님은 팀워크를 중요하게 여기신다.

가족 사업

이 일은 가족 사업이다. 교회에서 하나님의 자녀들은 동역한다. 함께 일하면서 서로를 알아 가고, 이 일을 이끄시는 가장家長 하나님을 알아 간다.

성경은 이 일에 대해 여러 가지 지침을 준다.

"네 마음을 다하고 목숨을 다하고 뜻을 다하여 주 너의 하나님을 사랑하라.…네 이웃을 네 자신같이 사랑하라" 마 22:37-39.

예수님의 지상 대명령도 이런 내용이다.

"모든 민족을 제자로 삼아…세례를 베풀고 내가 너희에게 분부한 모든 것을 가르쳐 지키게 하라" 마 28:19-20.

스스로 큰 공적을 쌓으려고 전전긍긍할 필요가 없다. 온 세상에 복음을 전할 사역 계획을 짜 내느라 고심할 필요도 없다. 가족 사업에서는, 가족이 당신에게 요구하는 일만 하면 된다. 교회에 나가서 가족을 만나라. 그리고 그 가족 사업에서 당신이 할 수 있는 일을 찾아 보라. 단, 일이 너무 많아 일꾼을 기다리는 교회는 피해야 한다. 그렇지 않은 교회에 그저 가서 임무를 맡으라. 일단 교회에 가서 참여하기 시작하면, 다른 사람들과 함께 일하면서 당신의 특별한 은사가 무엇인지 발견할 수 있다.

대학에 다닐 때 나는 샌프란시스코 교향악단 공연에서 노래할 수 있는 기회가 몇 번 있었다. 수많은 사람들의 목소리에 내 목소리가 묻힌다는 사실이 맘에 들어 나는 합창을 좋아했다. 내 목소리는 보잘것없지만, 함께 공연장에 서면 내가 평생 바라 마지않던 훌륭한 음색이 나왔다. 내가 잘나서가 아니었다. 내가 노래를 잘했는지 못했는지는 나도 모른다. 하지만 최정상 합창단과 오케스트라가 만들어 내는 멋진 음악에 내 목소리를 살짝 얹어 놓았다. 내가 맡은 역할은 너무 미미해서 남들이 알아차리기 힘들 정도였지만, 합창에 일조하고 있다는 사실만큼은 틀림없었다. 합창은 나를 초월하여 에워쌌다.

우리도 이와 비슷한 일에 초대를 받는다. 당신은 두드러지지 않을지도 모른다. 당신의 역할은 아주 사소해 보일 것이다. 하지만 이 일에서 당신 개인의 업적은 중요하지 않다. 결국 모든 일은 당신을 벗어나 예수님만을 향해야 한다. 그분은 날마다 일하신다. 그리고 당신의 동참을 원하신다. 그분 곁에서 하나님의 가족 사업을 하다 보면, 그분을 더욱 깊이 알게 될 것이다.

8장

서로 칭찬하기

 마지막으로, 인격적 관계에 꼭 필요한 요소를 한 가지 더 말하고자 한다. 경계심을 풀지 못하고 미적거리는 관계를 따스하고 친밀한 관계로 만드는 건 바로 칭찬이다.
 사사건건 흠잡기 좋아하는 부모들을 생각해 보자. 장인어른은 딸을 사랑하시며 존경스럽고 훌륭한 분이셨다. 그러나 항상 딸이 잘되기를 바라는 마음에, 근심이 끊임없으셨다. 그러면서도 자식들에게 너무 높은 기준을 집요하게 요구하셨다. 자식들과 무슨 이야기만 했다 하면 혹평을 늘어 놓으실 뿐 칭찬에는 박한 분이셨다. 마음속으로는 이 세상 그 누구보다도 딸과 가까운 관계를 맺고 싶으셨을 것이다. 하지만 그런 심정을 내색하는 법이 없으셨다.

주위에서 그런 사람들을 많이 본다. 그들은 서로 무척이나 사랑하면서도 부모 자식 간에 적당한 거리를 유지한 채 살아간다. 물론, 비판적인 부모 슬하에서 성장한 자녀들은 부모들이 기대하는 높은 수준에 부응하는 경우가 많다. 그러나 이 아이들은 부모를 대할 때마다 내면에 응어리가 쌓인다. 그들은 부모와 적당한 거리를 유지하거나 홀로 서기 위해 싸운다. 부모나 자식이나 친밀감을 간절히 원하지만, 여의치가 않다.

하나님과도 이런 식으로 관계를 맺는 사람들이 많다. 이 사람들은 하나님을 혹독한 부모처럼 생각한다. 자식의 능력을 넘어서는 탁월한 행동을 기대하는 인간 부모 말이다. 그래서 그들이 생각하기에, 하나님은 자녀들이 들고 오는 결과를 늘 못마땅해하시는 분이다. 그런 사람들은 칭찬해 주시는 하나님은 상상조차 할 수 없고_{실제로는 그런 분이신데도 말이다}, 본인도 하나님께 마음껏 찬양과 감사를 드리지 못한다. 이들은 하나님과 인격적 관계를 맺고 있을지는 몰라도, 그다지 친밀한 관계는 아니다.

칭찬은 관계를 완전히 뒤바꾸어 놓는다. 아주 간단한 행동이 엄청난 영향력을 발휘하는 것이다.

제 8 장 서로 칭찬하기

칭찬이라고 하면, 우리 어머니가 떠오른다. 찌푸린 얼굴에 어깨를 축 늘어뜨린 여드름투성이 십대 아들에게 어머니는 항상 이렇게 말씀하시곤 했다.

"얘야. 넌 웃으면 얼마나 잘생겼는지 몰라."

어머니의 기대 수준은 높았지만, 어머니의 칭찬은 꾸지람보다 훨씬 무게감이 있었다. 어머니는 내가 다른 자식들도 모두 포함해서 아주 훌륭한 아이라고 생각하셨다. 늘 그렇게 말씀하셨기에, 나는 한순간도 그 사실을 의심해 본 적이 없었다.

아버지는 직접 말로 표현하지는 않으셨지만, 나를 몹시 자랑스러워하신다는 사실을 알 수 있었다. 고등학교 졸업식에서 나는 학생 대표로 송사를 낭독했다. "불러드 고등학교 학생들은 강철 손 같은 압제하에 살고 있습니다"라고 문을 연 송사는 갈수록 가관이었다. 당시 기준으로는 내 시각이 꽤 급진적이어서, 송사를 마치자 어른들은 꽤 당황스러워하시는 눈치였다. 그런데 아버지는 나를 보자마자 이렇게 말씀해 주셨다.

"우리 아들, 이제 보니 언어의 달인이네."

진심으로 하시는 말씀이었다. 아버지는 자식들을 늘 자랑스럽게 여기셨다.

칭찬 배우기

우리 부모님의 칭찬은 건강하고 안정감 있는 부모 자식 관계에 기여했지만, 그것은 일방적이었다. 부모님을 사랑하지 않은 것은 아니지만, 부모님처럼 내가 그분들을 칭찬하는 일은 좀처럼 없었다. 한마디로, 살갑고 사근사근한 성격은 아니었던 것이다. 속정은 깊었지만, 표현할 줄을 몰랐다. 성인이 되고 나서야 비로소 관계에서 칭찬이 얼마나 큰 힘을 발휘하는지 조금씩 배우기 시작한 것 같다. 그 이후로는 부모님께도 훨씬 더 다정다감해졌다.

나는 아내 덕택에 칭찬하는 법을 많이 배웠다. 아내와 아내 친구들은 너무 심각하고 신중한 내 태도를 완전히 날려 버렸다. 그 친구들은 다른 사람이 맘에 들면, 대놓고 이야기하는 성격이었다. 웃으면서 안아 주고 감사하는 마음을 표현했다. 그들의 거침없는 친절과 환대에 어리둥절해하는 사람들도 있었다. 그러나 그들과 어울리는 사람들은 모두 다 즐거움을 만끽했다.

남이 자신에게 해준 칭찬에 대해 우물우물하며 감사하는 가운데 뻣뻣하고 냉소적인 태도가 사라지는 사람들을 나는 많이 보아 왔다. 삶은 개방되고, 이들은 반응하기 시작한다. 난생 처음으로 나는 칭찬하는 말이 단순히 예의를 차리는 것 이상의 역할을 한다는 사실을 깨달았다. 칭찬은 인간의 삶과 관계에 변화를 불러오는 능력이 있었다. 칭찬은 나의 삶도 바꾸어 가고 있었다.

칭찬은 오랫동안 꼭 닫혀 있던 내 마음의 창문을 활짝 열어젖혔다. 삐걱거리는 소리를 내며 서서히 창문이 열리고, 푸른 하늘과 따스하고 신선한 바람이 어둑어둑한 방에 쏟아져 내렸다. 미처 알아차리지도 못한 사이에, 내 안에 반응이 일어났다. 나도 남을 칭찬하기 시작했다. 어떤 친구는 내가 자주 남을 칭찬하고 안아 주고 쓰다듬어 주는 모습을 보면서 깜짝 놀랐다고 말해 주기도 했다.

칭찬은 전염성이 강하다. 한 사람에게서 다른 사람으로 전달된 칭찬은 머지않아 온 공동체에 퍼질 것이다. 하지만 누군가 반드시 시작하는 사람이 있어야 한다.

하나님의 언어

칭찬을 시작한 분은 바로 하나님이시다. 하나님은 자녀들에게 무한한 사랑을 품고 계신다. 우리의 가치를 찾아 확인해 주신다. 성경을 굳이 들이파지 않아도 하나님 보시기에 우리가 얼마나 귀한 존재인지 금세 알 수 있다.

하나님은 미숙하고 부족한 아이도 무조건 잘한다고 치켜세우거나 하는 일마다 만점을 주는 인간 부모와는 다르다. 하나님의 기준은 높다. 성경을 보면 인간의 실패를 준엄하게 나무라시는 말씀을 쉽게 찾아볼 수 있다.

그러나 그 말씀들에는 확실한 소망이 담겨 있다. 하나님은 자녀들에게 최선을 기대하실 뿐 아니라 그 잠재력을 보신다. 하나님은 우리가 그분과 친밀한 관계를 맺고 동행하면 놀라운 일을 해 내리라는 확신 가운데 우리에게 칭찬을 부어 주신다. 마치 부모나 코치가 이제 막 잠재력을 꽃피우기 시작하는 아이를 격려해 주듯이 말이다.

"내가 너를 지었노라"

당신에게 생명을 주시고 무에서 당신을 창조하신 그분은 이 세상 그 누구보다도 당신을 잘 아신다.

> 주께서 내 내장을 지으시며
> 나의 모태에서 나를 만드셨나이다.
> 내가 주께 감사하옴은

나를 지으심이 심히 기묘하심이라.

주께서 하시는 일이 기이함을

내 영혼이 잘 아나이다 시 139:13-14.

"내가 너를 택했노라"

초등학교 다닐 적에 팀에 선발되기까지의 피말리는 과정을 겪어 본 적이 있는가? 과연 뽑힐 수 있을지 노심초사하며 기다리던 기억. 그런데 당신을 원하는 분이 계신다. 당신은 선택받았다.

이제부터는 너희를 종이라 하지 아니하리니 종은 주인이 하는 것을 알지 못함이라. 너희를 친구라 하였노니 내가 내 아버지께 들은 것을 다 너희에게 알게 하였음이라. 너희가 나를 택한 것이 아니요 내가 너희를 택하여 세웠나니, 이는 너희로 가서 열매를 맺게 하고 또 너희 열매가 항상 있게 하여 내 이름으로 아버지께 무엇을 구하든지 다 받게 하려 함이라 요 15:15-16.

"내가 너를 위해 희생했노라"

우리를 구원하시려고 물불을 가리지 않으신 그분 모습에서 우리를 향한 크신 사랑을 엿볼 수 있다. 그분은 우리를 위해 자기 목숨까지 내놓으셨을 정도다.

네가 내 눈에 보배롭고 존귀하며 내가 너를 사랑하였은즉, 내가 네 대신 사람들을 내어주며 백성들이 네 생명을 대신하리니 두려워하지 말라. 내가 너와 함께하여 네 자손을 동쪽에서부터 오게 하며 서쪽에서부터 너를 모을 것이며사 43:4-5.

곧 창세 전에 그리스도 안에서 우리를 택하사 우리로 사랑 안에서 그 앞에 거룩하고 흠이 없게 하시려고 그 기쁘신 뜻대로 우리를 예정하사 예수 그리스도로 말미암아 자기의 아들들이 되게 하셨으니…우리는 그리스도 안에서 그의 은혜의 풍성함을 따라 그의 피로 말미암아 속량 곧 죄 사함을 받았느니라. 이는 그가 모든 지혜와 총명을 우리에게 넘치게 하사엡 1:4-8.

구약 성경에서 신약 성경으로 가면서 성경을 읽다 보면, 비난의 말씀과 실망의 눈물이 점점 말라 가는 것을 볼 수 있다. 그 대신 희망과 기쁨의 말씀이 더 많이 등장한다. 예수님이 우리 죄를 대신해 형벌을 받으셨으므로, 우리 죄를 강조하는 것은 이제 무의미하기 때문이다. 더 이상 하나님과 우리의 관계를 위협할 필요가 없어졌다.

하나님 아버지는 우리 안에서 예수님을 보신다. 예수님을 통해 우리를 지으시고, 예수님 안에서 우리를 택하시며 우리를 위해 희생하셨다. 우리가 잘되라고 수단 방법 가리지 않으신 하나님이 이제 우리를 향한 끝없는 사랑과 우리에게 기대하시는 위대한 일들을 말씀하신다. 하나님의 말씀은 혹독한 부모가 제시하는 높은 기준이나 무자비한 비판이 아니다. 그 말씀은 우리를 격려하고 세워 준다.

응석둥이 자녀

부모의 사랑에 무관심이나 심술로 보답하는 응석둥이 자녀야말로 가장 눈살 찌푸려지는 대상이 아닐까 싶다. 부모는 자기 자녀에게만 온갖 관심을 쏟는데, 아이는 부모의 관심을 모른 체하며 무시한다. 심한 경우에는, 못마땅한 표정을 지으면서 자기를 좀 내버려두라고 소리를 지른다.

하나님께도 이렇게 반응하는 사람들이 있다. 하나님이 주신 온갖 선물을 당연하게 여기고 오히려 더 달라고 요구한다. 고

마워하는 마음도 없고, 감사 인사도 하지 않는다. 하나님이 주시는 격려와 확신의 말씀을 거부한다. 그러면서도 그분과의 친밀함을 갈망하니 참으로 희한한 일이다. 그들은 하나님과의 친밀함을 간구하고, 요구하기까지 한다! 그러나 하나님이 주신 선한 것들에 먼저 감사하지 않는 한, 그분과 친밀한 관계를 누리는 일은 불가능할 것이다. 건강한 관계에서는 양방향에서 자연스럽게 칭찬이 흘러나온다.

사람은 누구나 칭찬하는 법을 배워야 한다. 내가 아내를 보면서 남을 세워 주는 법을 배웠듯이, 하나님을 칭찬하는 법 역시 터득해야 했다.

어디서 배울 수 있을까? 교회에서 배울 수 있다. 예배는 리허설 같은 것이다. 우리가 영원히 해야 할 이 중요한 행위를 예배에서 배운다. 음악과 장소는 자기를 잊고 오로지 하나님께 집중할 수 있도록 도와준다. 기도와 찬양을 통해 하나님께 감사를 표현하는 법을 배울 수 있다. 더군다나, 다른 사람들과 함께하면 더 쉽게 배울 수 있는 것 같다. 혼자서 하는 게 아니기 때문에 자의식이 줄어들 것이다.

하지만 교회에 간다고 해서 모두가 이것을 배울 수 있는 것은 아니다. 어떤 사람들은 주일 아침 예배 때 하나님을 찬양하는 흉내는 내지만, 그것이 영혼 깊숙한 곳에 습관으로 남지는 못한다. 중요한 사람을 만나면 예의범절을 차리지만 집에서는 버릇없고 무례한 사람들이 있듯이 말이다. 하나님을 찬양하고 감사하는 기쁨이 우리 안에 가득해서 낮이든 밤이든 하루 종일 감사의 말이 흘러넘쳐야 한다.

말로만 감사의 예배를 드리는 것이 아니다. 온 몸으로 감사해야 한다. 언약궤가 예루살렘에 도착했을 때 다윗이 보여 준 행동이 좋은 예가 될 것 같다. 그는 거추장스러운 왕의 옷차림을 벗어 던지고 천한 광대처럼 동네방네 길거리에서 춤을 추었다. 너무 감격스럽고 감사한 나머지, 왕처럼 근엄하게 앉아 있을 수가 없었다. 춤을 추지 않고서는 못 견딜 정도였다.

나는 그렇게 자유롭게 나를 표현하기가 꺼려진다. 사람들 눈에 심지어는 내가 봐도 멍청하게 보일까 봐 겁난다. "이모님께 뽀뽀해야지"라는 말을 들은 어린 소년처럼, 갑자기 부끄럼을 타며 쭈뼛쭈뼛해진다. 남의 눈치를 얼마나 많이 보는지 모르겠다.

그런데 남의 흠을 잡는 사람들은 어디에나 있기 마련이다. 다윗이 춤을 추었을 때도 아내 미갈이 코웃음을 쳤다. "어린 계집종들 보는 앞에서 천것들처럼 옷을 벗고 춤을 추시다니, 이스라엘 왕의 체면이 말이 아니십니다!"

다윗 왕은 그 대답으로 다음과 같은 명언을 남겼다. "이는 여호와 앞에서 한 것이니라. 그가…나를 택하사…내가 여호와 앞에서 뛰놀리라. 내가 이보다 더 낮아져서 스스로 천하게 보일지라도 네가 말한 바 계집종에게는 내가 높임을 받으리라" 삼하 6:20-22. 그는 단 한 가지 조건, 즉 여호와 앞에서라면 기꺼이 스스로를 낮출 각오가 되어 있었다.

찬양의 기술

무조건 이상한 행동을 한다고 해서 하나님의 인정을 받는 것은 아니다. 찬양의 기술은 심하게 비정상적인 행동을 하거나 손을 더 높이 든다거나 남보다 자유분방하게 춤을 추거나 눈을 굴리며 손뼉을 치는 것이 아니다. 다른 사람의 유익을 위해 이렇게 행동한다면, 당신에게는 눈곱만큼도 유익이 되지 않을 것이다. 찬양의 기술은 자기 자신에게서 눈을 돌려 하나님께 향하는 것이다. 그럴 때 남들 눈에 어떻게 보이는지는 전혀 신경쓰지 않게 된다.

이런 찬양의 기술을 배우려면 열심히 연습하는 수밖에 없다. 하나님 찬양을 배우는 장소로 이미 교회를 언급한 바 있다. 물

론, 집에서도 가능하다.

아침에 눈을 뜨자마자, 직장이나 학교로 달려가기 전에 1분만 시간을 내서 하나님께 감사하는 시간을 갖자. 지난밤도 무사히 보내고 새로운 하루가 눈앞에 있다. 인생은 선물이다. 아침마다 감사를 잊지 마라.

조금 더 여유를 두고 "복을 세어 보는" 시간을 가질 수도 있다. 산책이나 운전 중에, 얼마나 많은 감사 제목을 헤아릴 수 있는지 생각해 보라. 각각의 감사 제목 뒤에는 "감사합니다. 하나님은 정말로 놀라운 분이십니다"라는 말을 덧붙인다.

앞서 3장과 4장에서 하나님의 음성을 듣고 하나님과 대화를 나누는 법은 이미 살펴보았다. 여기서는 특별히 서로 칭찬을 아끼지 말라고 이야기하고 싶다. 성경을 읽으면서 하나님이 당신을 얼마나 존귀하게 여기시는지 유의해 보라. 당신을 얼마나 아끼시고 소중하게 생각하시는지 살펴보라. 그런 다음, 기도 시간에 감사와 칭찬, 찬양을 빠뜨리지 마라.

시편을 읽으면 좀더 구체적이고 사려 깊은 감사 기도를 할 수 있다. 시편은 하나님께 감사하는 법을 가르쳐 주는 책이다. 허겁지겁 서두르지 말고 시간을 두고 말씀이 마음속 깊이 파고들게 하라. '맘에 드는 부분'만 골라 읽지 말고, 처음부터 끝까지 빠짐없이 읽으라. 평소에는 재미없어 보였던 시편 말씀이 눈에 띄면서 하나님께 감사하는 색다른 방법을 가르쳐 줄지도 모른다.

말만 그럴듯한 칭찬이 있다. 다음 세 가지 경우가 그중에서도 가장 흔하다. "오늘 정말 멋진데요" "머리가 너무 예뻐요" "정말 재밌는 분이시네요" 하지만 겉만 번지르르한 칭찬이 아니라 진지한 통찰력에서 우러나온 칭찬을 하는 사람들도 있다. 그들은 아무도 이야기해 주지 않았던 나만의 고유한 특징을 발견해서 표현해 준다. 솔직하고 묵직한 칭찬이다.

시편을 포함한 모든 성경 말씀은 아름다운 시적 언어로 하나님에 대한 칭찬을 표현해 준다. 성경은 하나님의 성품과 사역에 대한 통찰력을 보여 준다. 시편을 읽으면 하나님에 대해 정말 많이 배울 수 있다. 본인이 아니라 하나님께 큰 소리로 시편 말씀을 읽어 드리라.

세 가지 찬양법

시편에 나오는 찬양 방법에는 세 가지가 있는데, 하나같이 다 중요하다. 이 찬양법은 모두 하나님의 성품과 그분이 하시는 일과 관계가 있다.

창조자 하나님

하나님은 이 세상, 당신과 나를 창조하셨다. 얼마나 감사한지 모르겠다. 아름다운 지구와 하늘, 이 모든 창조 세계는 하나님께 감사할 이유다. 하나님이 인생에 허락하신 모든 선물 역시 그분께 감사해야 할 이유가 된다.

심판자 하나님

범죄자와 피해자, 비명과 눈물 등 싸움과 파벌이 만연한 이 세상에서, 하나님 한 분만이 전지하시다. 하나님은 모든 복잡한 문제를 해결하시고 진리를 간파하실 수 있는 유일한 분이다. 그분은 인류에게 정의를 가져다주신다. 약하고 가난한 사람들을 높이신다. 악한 자들을 사로잡으신다. 공평한 세상이 오고 있다. 단지 우리가 원하는 시간에 오지 않기 때문에 전전긍긍할 뿐이다. 오직 하나님만이 이 세상을 심판할 능력과 자격을 갖추신 분이다. 그분만이 우리의 모든 찬양을 받기에 합당하신 분이다.

구속자 하나님

구속자 하나님이야말로 찬양의 핵심이다. 하나님은 죽을 수밖에 없는 사람들을 구원하신다. 시편에서 이 주제가 등장할 때면—꽤 자주 등장한다—하나님이 애굽에서 종 되었던 이스라엘을 구원하신 이야기를 계속해서 들려준다. 이에 초대교회 그리스도인들은 자신들이 경험한 하나님을 찬양하기 시작하면서, 두 번째 출애굽, 즉 죄에 종노릇 하던 무기력한 백성을 구원해 주신 이야기를 덧붙였다.

대부분의 사람들은 하나님이 우리를 위해 개인적으로 해주신 일에는 감사한다. 미끄러운 길에서 우리를 안전하게 지켜 주신 것. 좋은 배우자를 허락해 주신 것. 절망 속에서 기도하니 궁지에서 건져 주신 것.

이 정도도 훌륭한 출발점이다. 하지만 하나님은 우리의 지평을 넓혀 그분이 모든 인류를 위해 행하신 놀라운 일들에 감사하기를 바라신다. 이렇게 감사할 때에야 비로소 그분이 원하시는 대로 감사할 수 있기 때문이다. 오늘 우리에게 일하신 일부분이 아니라, 그분의 온전한 성품을 이해할 수 있기 때문이다. 하나님과 강력한 인격적 관계를 세워 가려면 이처럼 한결 더

든든한 기초가 필요하다.

　건강하고 사랑이 넘치는 관계라면 서로 칭찬하는 일은 밥 먹듯이 자연스러운 일이다. 가까운 사람들끼리는 크게 고민하지 않고 끊임없이 칭찬하는 법이다. 상대방을 사랑하기 때문에 입 밖으로 소리 내어 칭찬하기를 즐긴다.

　당신과 하나님의 관계도 이렇게 되어야 한다. 날마다 하나님의 칭찬을 받고, 당신도 날마다 하나님을 칭찬한다. 가끔씩은 한걸음 더 나아가 하나님을 온전히 찬양하는 시간을 갖는다. 때로는 감정이 격해지는 때도 있을 것이다. 하지만 날마다 경험하는 감정이야말로 최고의 감정이다. 하나님을 사랑한다고 고백하라. 하나님도 똑같이 고백해 오실 것이다. 친밀한 인격적 관계란 바로 그런 것이다.

제4부

그날을 기다리며

예수님은 인격적 관계, 친밀한 인격적 관계를 위해 기도하신다.

예수님은 본인이 아버지와 경험하는 그런 친밀함을 우리가 서로 경험할 수 있기를 원하신다.

우리가 하나님 '안에', 또 그분이 우리 '안에' 계시기를 바라신다.

비록 몸은 떨어져 있어 괴롭지만, 예수님은 우리가 서로,

또 하나님과 가장 가까운 인격적 관계를 맺을 수 있도록 아버지께 간구하신다.

9장

얼굴과 얼굴을 마주할 때까지

자, 그러면 하나님과 인격적 관계를 맺는다는 것이 실제로 가능한가?

물론이다.

예수님과 함께한 내 40여 년의 세월을 돌아보면 수많은 의심과 어두운 밤이 떠오른다. 하지만 다른 한편으로는, 꾸준하고 편안하며 매우 인격적인 관계, 나와 대화를 나누시는 하나님과 동행한 여정도 떠오른다. 하나님은 막연하거나 멀찍이 떨어져 계신 분이 아니다. 나는 그분을 알고, 그분은 나를 아신다. 나는 그분의 이름을 불러 가며 말을 건다. 그분도 내게 말씀하신다.

그분의 가족을 알고, 그분과 함께 일한다. 서로 칭찬한다. 나의 고통을 잘 아시는 그분이기에 우리는 고난의 시기에 특별히 가까워진다. 내가 맺는 다른 인간 관계와 마찬가지로, 하나님과의 관계를 피부로 느낀다.

하지만 하나님을 볼 수 없기 때문에 완벽한 관계라고는 할 수 없다.

아무리 똑똑한 사람이라도, 인간은 가장 단순하고 감정적인 차원에서 하나님을 바라게 되어 있다. 어린아이들은 "하나님은 얼마나 크세요?", "하나님은 어떻게 생기셨어요?" 같은 질문을 쉴 새 없이 쏟아 내다가 부모와 교사가 단속에 나서야 그만둔다. 하지만 어둑어둑한 밤, 하나님이 오시는 것을 보려고 침대에서 일어나는 기분을 완전히 떨쳐 낼 수 있는 사람은 없다.

이자크 디네센 Isak Dinesen은 「아웃 오브 아프리카」 Out of Africa, 열린책들 역간에서 케냐인 요리사 카만테의 이야기를 들려준다.

어느 날 밤, 자정이 지난 시각에 카만테가 등불을 들고 보초라도 서듯 내 침실로 조용히 들어왔다. 내 집에 들어온 지 얼마 안 된 때였던지 체구가 몹시 작았는데 내 침대 옆에 서 있는 모습이 마치 길을 잘못 들어 방 안으로 들어온 귀가 몹시 큰 검은 박쥐 같

제 9 장 얼굴과 얼굴을 마주할 때까지

기도 하고 손에 등불을 들고 있어서 아프리카의 빛의 정령 같기도 했다. 카만테가 매우 엄숙하게 말했다. "음사부, 일어나시는 게 좋겠어요." 나는 어리둥절해서 침대에서 일어나 앉았다. 나는 뭔가 심각한 일이 발생했다면 파라가 나를 깨우러 왔으리라는 생각으로 카만테에게 나가 보라고 했지만 카만테는 꿈쩍도 하지 않았다. "음사부, 일어나시는 게 좋겠어요. 하느님이 오시는 것 같아요." 나는 그 말을 듣고 일어서서 왜 그렇게 생각하는지 카만테에게 물었다. 카만테는 엄숙하게 나를 서쪽 언덕들이 내다보이는 식당으로 이끌었다. 문에 난 창을 통해 기이한 현상이 보였다. 언덕 지대에서 큰 화재가 났는데 언덕 꼭대기에서 초원까지, 집에서 보면 거의 수직으로 불길이 너울거리고 있었다. 정말로 어떤 거대한 형상이 우리를 향해 다가오고 있는 듯했다. 나는 카만테와 나란히 서서 그 광경을 지켜보다가 카만테에게 그것의 정체에 대해 설명하기 시작했다. 아이가 끔찍하게 겁을 먹은 것 같아서 마음을 진정시켜 주기 위해서였다. 그러나 카만테는 내 설명에 별 반응이 없었으며 나를 깨운 것으로 자기 임무를 다했다고 여기는 듯했다. "글쎄요, 그럴지도 모르죠. 하지만 전 하느님이 오시는 것일 수도 있으니 마님을 깨우는 게 좋겠다고 생각했어요."

이런 생각을 하면 정말로 한밤중에 소름이 돋을 때가 있다. 이런 생각이 내 안에 굶주린 무언가를 건드리는 것 같다.

보는 것의 유익

흔히 "보는 것이 믿는 것이다"라고들 한다. 보지 않고 믿는 것이 복되다는 것을 알면서도, 하나님을 볼 수 있다면 한결 신앙 생활이 쉬울 것만 같다. 하나님을 볼 수 있다면, 그분이 실제로 계신다는 사실을 알 수 있으니 말이다.

하지만 보는 것에는 단순히 존재를 증명하는 것 이상의 차원이 있다. 멀리 출장을 갈 때 나는 아내의 존재를 의심하지 않는다. 아내가 나를 사랑하고 내게 신실하리라는 믿음을 잃지 않는다. 어느 때라도 전화를 걸어 아내와 대화할 수 있다. 하지만 내 눈은 아내를 보고 싶어 견디지 못한다.

가족과 떨어져 지내면서 사람들에게 이렇게 물을 때도 있다. "제 가족이 궁금하시지요?" 그러면서 아내와 아이들의 얼굴을 그대로 복제한 총천연색 사각형 종이를 한 장 꺼낸다. 그렇다고 우리 가족을 실제로 볼 수 있는 것은 아니다. 사각형 종이는 실제 얼굴을 그대로 모사한 것에 불과하다. 아주 복잡한 기계

가 가족들 얼굴에서 나오는 빛의 패턴을 기록하고, 또 다른 기계가 그 패턴의 디지털 표현 방식을 읽어 낸 다음, 잉크가 내뿜는 아주 작은 점들을 사용해 종이에 복제한 것이다. 이 자그마한 지갑 크기의 사각형 종이는 실제 내 가족과는 사뭇 다르다. 하지만 여행 중에 이 사진을 들여다보면서, 가족들과 함께 있고픈 마음을 달랜다. 가족과 교감한다. 멀리 떨어진 가족들이 몹시도 그리워 가슴이 아려 온다. 그리고 이 사각형 종이를 사람들에게 보여 주면, 아내와 자녀들에 대해 조금이라도 뭔가를 알려 줄 수 있겠다는 생각이 든다.

우리는 보고 싶어 한다. 서로 볼 수 없는 관계는 2% 부족하다. 전화나 인터넷 채팅만으로 관계를 유지해 온 사람들이 있다면 내 말이 무슨 뜻인지 이해할 것이다. 그런 관계에서는 상대방에 대해 절대로 알 수 없는 측면이 있다. 또—앞에서 이야기한 내 아내의 경우처럼—이미 서로 얼굴을 본 사이라면, 전화 통화는 두 사람이 멀리 떨어져 있다는 현실만 부각시킬 뿐이다. 아내의 손길과 향기가 그립다. 하지만 그 무엇보다도 아내의 얼굴이 미치도록 보고 싶다.

과학자이자 철학자인 마이클 폴라니Michael Polanyi는 수천 명이 넘는 사람들이 모인 혼잡한 곳에서도 아내의 얼굴을 똑똑히 알아볼 수 있다는 점을 강조했다. 아무리 비슷하게 생긴 사람이라도 그를 속일 수는 없었다. 수백만 번을 시도해도 그는 정확히 아내를 찾아낼 수 있을 것이다. 그렇지만 본인 대신 다른 사람을 보내 아내를 만나게 할 경우에는, 아무리 해도 그 사람에게 아내의 얼굴을 정확히 설명할 수 없을 것이다. 그의 아내를 한 번도 본 적 없는 사람은 아무리 자세하게 설명을 해준다 해도 십중팔구 그의 아내를 찾지 못할 것이다.

우리는 눈으로 얼굴을 익힌다. 이 정보를 뇌에 전달하여 기억에 저장한다. 손이나 발과 달리 얼굴은 아주 독특한 방식으로 사람을 구별한다.

성경이 하나님을 갈망한다고 말할 때, 그분의 얼굴을 언급하는 것도 우연이 아니다. 시편 기자는 "주의 얼굴을 주의 종에게 비추시고", "주의 얼굴을 내게서 숨기지 마소서"라고 간구한다. 다윗의 마음은 간절히 "하나님의 얼굴을 찾았다." 결국 그는 이렇게 고백한다. "나는 의로운 중에 주의 얼굴을 뵈오리니 깰 때에 주의 형상으로 만족하리이다" 시 17:15.

유대인들은 하나님의 얼굴을 형상으로 만드는 것을 신성모독이라고 생각했는데도 그런 표현을 즐겨 했다. 그들은 하나님이 주시는 복을 바랄 뿐 아니라, 하나님을 간절히 원했다. 아주 근본적이고 절박한 차원에서, '그분'은 곧 하나님의 얼굴이었다.

얼굴이 있는 하나님

예수님은 얼굴이 있는 하나님이시다. 제자들은 자기 아내의 얼굴을 알 듯 예수님의 얼굴을 알았다. 수백 번 넘게 시도해도 매번 예수님의 얼굴을 알아맞힐 수 있었다. 하지만 흥미롭게도, 제자들은 예수님의 신체적인 특징을 묘사하는 데 전혀 관심이 없었다.

그래서 화가들은 예수님의 모습을 복원하는 일에 호기심이 많았다. 그중에서도 렘브란트는 예수님의 얼굴에 집중했다. 그가 그린 예수님의 초상화는 대단하다. 그분의 두 눈은 말할 수 없이 깊고 예리하면서도 따스하다. 물론 그가 그린 초상화가 실제 예수님의 모습은 아니다. 오히려 렘브란트의 신앙을 정확하게 그렸다고 해야 맞을 것이다.

예수님은 승천하시고, 우리는 여전히 하나님을 보고 싶은 열망을 간직한 채 이 땅에 남았다. 하지만 우리는 한 가지 아주 중요한 측면에서 예수님에 앞섰던 사람들과는 다른 입장에 있다. 비록 하나님의 얼굴은 보지 못하지만, 그분에게 얼굴이 있다는 사실만큼은 알게 되었다. 제자들이 주장했듯이 예수님이 "보이지 않는 하나님의 형상"이라면, 하나님께도 얼굴이 있다는 사실을 확인한 셈이다.

하나님은 비인격적인 힘이나 원칙이 아니다. 우리를 집어삼키는 대양 같은 분도 아니다. 하나님은 얼굴이 있는 모습으로 나타나신다. 그렇다면 우리는 그분과 인격적인 관계를 맺을 수 있다는 뜻이다. 아니, 그런 관계를 맺어야만 한다. 그분과 인격적인 관계를 맺지 않는다면 하나님이 원하는 방식대로 그분을 아는 것이 아니다.

우리는 언젠가 그분을 얼굴과 얼굴을 마주하여 볼 것이다 고전 13:12. 그때까지, 우리는 마치 친한 친구를 여행 보낸 사람이나 마찬가지다. 우리는 그 친구를 안다. 그와 이야기할 수도 있다. 그가 하는 일에 동참할 수도 있다. 힘든 일이 있을 때 속 깊은 감정을 나눌 수도 있다. 하지만 그 친구를 볼 수 없고, 그리워할 뿐이다.

사랑하는 사람과 멀리 떨어져 지내는 것은 힘든 일이다. 이라크 전쟁 초기에 교전 지역에서 막 돌아온 군종병을 만나 이야기할 기회가 있었다. 우리 두 사람은 "현명한 결혼 생활"이라

는 세미나에 참석 중이었는데, 나는 전쟁이 가족에 어떤 영향을 미치는지 질문을 던졌다. 그는 대답으로 이런 이야기를 들려주었다. 이라크에 처음 도착했을 때 사령관이 묻기를, 병사들이 가족들에게 전화하는 곳에 가서 통화 내용을 들어 본 적이 있느냐고 했다. 군종병은 화들짝 놀라 이렇게 대답했다. "남의 전화 통화 내용을 엿들으면 안 됩니다." 사령관은 일단 한번 가 보라고 했고, 군종병은 거기 가서야 사령관의 말을 이해할 수 있었다고 한다.

그곳에는 탁 트인 탁자 위에 군인들이 집에 전화를 걸 수 있도록 수십 대의 전화가 놓여 있었다. 병사들의 통화 내용을 듣기 위해 굳이 도청 장치가 필요하지 않았다. 많은 병사들이 남편이나 아내에게 하고 싶은 말을 전달하기 위해 전화통에 대고 화를 내며 고래고래 소리를 지르고 있었다. 가족을 떠나 오랫동안 전쟁터에서 받은 스트레스가 병사들의 가정 생활에 커다란 부담으로 작용하고 있었다.

흔히들 "떨어져 지내다 보면 서로에 대해 애틋한 마음이 생기죠"라고 한다. 틀린 말은 아니다. 하지만 떨어져 지내다가 아예 헤어지는 경우도 많다 보니, 우리를 위한 예수님의 기도가 더더욱 마음에 사무친다. 예수님은 아주 오랫동안 몸으로는 우리를 떠나 계시기에, 우리가 그분을 그리워하리라는 사실을 잘 아셨다. 그래서 미리 우리를 위해 이렇게 기도하셨다.

"내가 비옵는 것은 이 사람들만 위함이 아니요, 또 그들의 말로 말미암아 나를 믿는 사람들도 위함이니. 아버지여, 아버지께서 내 안에, 내가 아버지 안에 있는 것같이 그들도 다 하나가 되어 우리 안에 있게 하사…곧 내가 그들 안에 있고 아버지께서 내 안에 계시어" 요 17:20-23.

예수님은 인격적 관계, 친밀한 인격적 관계를 위해 기도하신다. 예수님은 본인이 아버지와 경험하는 그런 친밀함을 우리가 서로 경험할 수 있기를 원하신다. 우리가 하나님 '안에', 또 그분이 우리 '안에' 계시기를 바라신다. 비록 몸은 떨어져 있어 괴롭지만, 예수님은 우리가 서로, 또 하나님과 가장 가까운 인격적 관계를 맺을 수 있도록 아버지께 간구하신다.

도대체 무엇이 문제인가?

대개 사람들이 어린 시절 가장 친한 친구를 사귄다는 사실은 우연이 아니다. 그 시절은 아직 인생이 그리 복잡하지 않아서, 함께 보낼 시간이 많은, 아니 거의 무한한 때다. 하루 종일 친구들과 함께 뛰놀던 어린 시절 같은 시간이 언제쯤 다시 우리에게 찾아올까? 밤늦도록 마주 앉아 이야기를 나누던 고등학교나 대학교 시절이 다시 찾아올 수 있을까? 원래 함께 보낸 시간 위에 함께한 세월이 쌓여 이런 우정은 학교를 졸업하고 나서도 쭉 이어진다.

사람을 알려면 시간이 걸린다. 아인슈타인 같은 천재가 미적분을 배우려면 하루면 족할 것이다. 하지만 아무리 뛰어난 천재라도 다른 사람을 하루 만에 파악하기란 불가능하다. 대학원생이 도서관에서 전공 도서를 들이파듯이 그렇게 어떤 사람의 성격을 알 수는 없는 노릇이다. 손대면 부서질 것만 같은 민감한 인간의 삶은 깊숙한 곳에 숨어 있다. 오랜 세월 끈질기게 쏟아 부은 사랑만이 그 속사람을 밖으로 끄집어 낼 수 있다. 평생에 걸친 사랑만이 한 사람을 진정으로 이해할 수 있을 것이다.

하나님을 알려면 무한대의 시간이 걸린다. 어떤 신학자들이 말하듯이, 영원이란 것이 변함없으신 하나님이 거하시며 모든 시간 변화를 담아 내는, 시간을 초월한 시간대를 가리킨다면, 그렇게 무한한 상태를 가리킨다면, 우리가 그곳에서 경험할 지식의 변화를 희미하게나마 상상해 볼 수 있을 뿐이다. 우리는 무한히 영광스러운 하나님의 다양한 측면을 발견하고 재발견하며,

계속해서 발견하게 될 것이다. 하나님은 날마다 새로운 분으로, 기분 좋은 충격으로 우리에게 다가오실 것이다. 우리는 이렇게 고백할 것이다. "진짜 현실이네요. 제가 여기 있듯이, 그분도 여기 계십니다."

영원은 지금부터 시작이다. 요한복음이 "아들을 믿는 자에게는 영생이 있고"요 3:36라고 말할 때 바로 그 점을 약속하는 것이다. 이 땅에서 내게 주어진 시간이 이제 영원으로 이어진다.

하나님은 우리에게 그분을 알 수 있는 시간을 주셨다. 히브리서에서는 하나님의 시간을 오늘이라고 언급한다. "오늘, 너희가 그의 음성을 듣거든 너희 마음을 완고하게 하지 말라"4:7. 우리는 하나님께 오늘을 드려야 한다. 기회가 없는 것이 문제가 아니라, 우리 마음이 문제다.

하나님에 대한 반감

나와 하나님의 관계에서 문제는, 믿음이 부족하여 그분에 대한 깊은 반감이 남아 있다는 것이다. 그래서 내게 있는 기회를 제대로 활용하지 못할 때가 많다. 하나님이 나를 피해 숨으시는 것이 아니라 내가 그분을 피해 숨는다.

대학생 시절, 절망의 수렁에 빠진 나는 이렇게 말했다.

"제게 당신을 보여 주신다면, 살아 계신다는 사실을 아주 분명하고 똑똑히 증명해 주신다면, 모든 의문을 집어던지고 영원히 당신을 사랑하겠습니다."

하나님은 그게 순전히 나의 자기기만에 불과하다는 것을 아셨다. 하나님이 자신을 드러내실 때마다 사람들은 다른 쪽으로 가 버렸다. 하나님의 임재를 잠시 잠깐 기뻐하더니 혼자서 자기 갈 길로 가 버렸다. 나도 별반 다르지 않다.

나는 하나님을 믿는다. 그분이 나의 온전한 찬양과 순종을 받기에 합당하신 분이라고 고백한다. 하지만 아침에 일어나면 내 머릿속에는 다른 현실 세계가 펼쳐진다. 하나님과 대화를 하고 싶어 안달이 나서 침대에서 벌떡 일어나지는 않는단 소리다. 어서 빨리 씻고, 아침을 먹고, 일하러 갈 생각뿐이다. 그분의 임재는 안중에도 없다.

바울은 로마서에서 이 같은 나의 딜레마를 잘 요약해 준다.

"그런즉 내 자신이 마음으로는 하나님의 법을 육신으로는 죄의 법을 섬기노라" 7:25.

그렇다면 어찌 해야 할까? 바울은 두 가지 답을 제시한다.

첫째, 내가 할 수 있는 일이 아무것도 없다는 과분한 답이 있다. 예수님만이 나를 구원하실 수 있고, 또 구원하신다. 예수님이 십자가에 돌아가셔서 내가 용서를 받는다.

"그러므로 이제 그리스도 예수 안에 있는 자에게는 결코 정죄함이 없나니" 8:1.

"[아무것도] 우리를 우리 주 그리스도 예수 안에 있는 하나님의 사랑에서 끊을 수 없으리라" 8:39.

첫 번째 답과 비교할 때 조금은 감당할 만한 두 번째 답은 내가 할 수 있는 만큼만 하나님께 반응해야 한다는 것이다. 하나님이 능력 주시므로 날마다 조금씩 반감을 극복해 나갈 수 있다.

"그러므로 형제들아 우리가 빚진 자로되 육신에게 져서 육신대로 살 것이 아니니라. 너희가 육신대로 살면 반드시 죽을 것이로되 영으로써 몸의 행실을 죽이면 살리니 무릇 하나님의 영으로 인도함을 받는 사람은 곧 하나님의 아들이라" 8:12-14.

하나님의 자녀로 그분과 살아 있는 관계를 맺으며 살아가려면 그분께 의지해야 한다. 그분의 임재를 힘입어 더 이상 죄의 지배를 받지 않고 하나님의 생명으로 살아가야 한다. 야고보는 이런 식으로 표현한다.

"하나님을 가까이하라. 그리하면 너희를 가까이하시리라" 약 4:8.

제 9 장 얼굴과 얼굴을 마주할 때까지

하나님에 대한 반감을 치료할 수 있는 유일한 방법은 그분께 나아가 그분이 주시는 방법으로 함께 시간을 보내는 것이다. 다윗의 말처럼, "여호와의 선하심을 맛보아 알지어다." 여호와의 선하심을 맛보니 그 달콤함이 내 식욕을 더욱 자극한다.

나는 반복해서 이 치료를 받아야 한다. 그렇지 않으면 또다시 잊어버리기 때문이다. 하나님은 눈에 보이시지 않기에 나 몰라라 제쳐 두기 쉽다. 그분은 천국에 내 자리를 마련하기 위해 먼저 가셨고, 오랫동안 돌아오실 줄을 모른다. 그분이 그립다. 하지만 가끔은 그분을 잊고 살 때도 있다.

그러나 바울처럼, "내가 그리스도와 그 부활의 권능과 그 고난에 참여함을 알고자 하여 그의 죽으심을 본받아…내가 이미 얻었다 함도 아니요 온전히 이루었다 함도 아니라. 오직 내가 그리스도 예수께 잡힌 바 된 그것을 잡으려고 달려가노라. 형제들아, 나는 아직 내가 잡은 줄로 여기지 아니하고 오직 한 일 즉 뒤에 있는 것은 잊어버리고 앞에 있는 것을 잡으려고 푯대를 향하여 그리스도 예수 안에서 하나님이 위에서 부르신 부름의 상을 위하여 달려가노라" 빌 3:10-14.

하나님은 자신을 소개하시고 인격적인 관계를 제안하셨다. 우리는 무슨 수를 써서라도 그 제안을 받아들여야 한다.

그리스도의 신부

바울은 성경에서 교회를 가리켜 예수님이 사랑하시고 아끼시는 "그리스도의 신부"라고 말한다 엡 5:23. 예수님과 교회의 결혼은 대개 완성된 것으로 해석된다. 하지만 나는 이 결혼이 아직 진행 중이라고 보는 것이 더 정확한 해석이라고 생각한다. 우리는 그리스도와 약혼한 상태로 결혼을 기다리는 중이다.

1세기 유대 문화에서는 약혼하면 결혼한 사이나 다름없었다. 그 당시 유대인들은 약혼을 결혼만큼이나 확실한 헌신으로 받아들였고, 실제로 그만 한 헌신이 뒤따랐다. 남자는 증인들 앞에서 혼인 대금을 치렀고, 여자는 그 사람의 아내로 불렸다. 이혼에 해당하는 사유가 아니면 마음대로 약혼을 파기할 수도 없었다. 약혼 기간에 바람을 피우면 간통죄로 간주되었고 그에 해당하는 처벌을 받았다. 함께 살면서 잠자리를 같이하지 않는다는 것만 제외하면, 약혼한 연인은 사회적으로는 부부나 다름없었다. 그런 의미에서 약혼 기간은 축하와 완성을 고대하는 시간이었다.

우리는 예수님과 그런 약혼 기간을 보내고 있다. 우리는 함께하는 삶에 온전히 헌신했다. 우리는 예수님께 헌신했고, 예수님은 우리에게 헌신하셨다. 그러나 아직 우리의 목표에는 도달하지 못했다.

약혼 기간에는 그때만의 독특한 친밀함과 애틋함이 있다. 내게도 그런 시절이 있었다. 아내와 나는 우리 두 사람이 일시적인 단계에 있다는 사실을 알고 있었다. 우리가 간절히 고대하는 훨씬 더 멋진 세계가 펼쳐질 것이라는 걸 알고 있었다. 우리는 그곳으로 향하는 과정에 있었고, 함께 거기에 도달했다. 우리는 사랑에 푹 빠져 있었다.

유대인의 시각에서는 이 기다림의 시간이 특별히 소중하다. 동양에서는 아버지들이 혼기가 찬 딸들을 집안에서 고이 길렀다. 약혼 전까지는 남편 될 사람의 얼굴도 모르는 여자들이 많았다. 그러다가 일단 약혼이 성사되면 이전에는 경험해 보지 못한 놀라운 특권을 얻게 되었다. 이제는 상대방을 만나 대화를 나누고 손을 잡고 함께 걸을 수 있었던 것이다. 그들에게는 약혼 기간이 더할 나위 없이 즐겁고 자유로운 시간이었을 것이다.

물론 두 사람이 처음에 맛본 기쁨은 점차 사그라지고, 결혼 날짜가 다가오면서 낙담하는 순간도 있을 것이다. 자연스러운 현상이다. 기대도 경축의 일부다.

포피와 함께 있고 싶어 견딜 수 없었던 그 시절의 감정이 떠오른다. 내 머릿속에는 온통 그녀 생각뿐이어서 다른 사람들이

나 상황은 전혀 눈에 들어오지 않았다. 그녀의 모든 것을 알고 싶었다. 함께 있고 싶은 마음, 상대방을 알고자 하는 마음이 너무 간절하여 하루 해가 짧기만 했다. 두 사람이 잘될 수 있을까 시험해 보는 단계를 넘어서서, 우리는 이미 관계를 세워 나가고 있었다.

예수님과의 관계도 마찬가지다. 우리는 그분과 영원히 지속할 관계를 세우는 중이다. 날마다 깊어지고 사랑스러워져서 영원까지 이어질 관계 말이다. 그분은 인격적인 하나님이시다. 그분은 우리에게 개인적으로 말씀하신다. 우리를 사랑하시는 친구다. 그분은 우리를 절대 놓치지 않으실 것이다. 우리는 그분을 알 수 있다. 그분과 함께하는 말할 수 없이 놀라운 기쁨이 우리를 기다리고 있다.

감사의 글

존 슬로언John Sloan에게 특별히 감사합니다. 그는 이 책의 가능성을 알아보고 나를 설득했으며, 다른 사람들에게 이 책의 가치를 옹호해 주고, 저를 격려해서 책을 마칠 수 있도록 해주었습니다. 그는 뛰어난 편집자일 뿐 아니라, 믿을 만한 좋은 친구입니다.

옮긴이 이지혜는 연세대학교 영어영문학과를 졸업하고, 한국기독학생회출판부 편집부에서 근무했다. 영국 Oxford Brookes University에서 출판을 공부하고, 현재는 프리랜서 번역 및 출판 기획자로 활동 중이다. 옮긴 책으로는 「오늘 허락된 선물」, 「데이트, 그렇게 궁금하니」, 「그리스도인의 양심 선언」(이상 IVP), 「반짝이는 날들」(청림출판), 「교회, 스타벅스에 가다」(국제제자훈련원) 등이 있다.

친구처럼 알아가는 하나님

초판 발행_ 2009년 6월 8일
초판 9쇄_ 2023년 6월 30일

지은이_ 팀 스태포드
옮긴이_ 이지혜
펴낸이_ 정모세

펴낸곳_ 한국기독학생회출판부
등록번호_ 제2001-000198호(1978.6.1)
주소_ 04031 서울 마포구 동교로 156-10
대표 전화_ (02)337-2257 팩스_ (02)337-2258
영업 전화_ (02)338-2282 팩스_ 080-915-1515
홈페이지_ http://www.ivp.co.kr 이메일_ ivp@ivp.co.kr
ISBN 978-89-328-1113-0

ⓒ 한국기독학생회출판부 2009

책값은 뒤표지에 있습니다.
무단 전재와 복제를 금합니다.